梁石 梁栋 编著

贴出中华好家风

家风家训对联大全

农村读物出版社
中国农业出版社
北京

图书在版编目（CIP）数据

贴出中华好家风：家风家训对联大全 / 梁石，梁栋
编著. — 北京：农村读物出版社，2021.12 (2022.10重印)
ISBN 978-7-5048-5801-6

Ⅰ.①贴… Ⅱ.①梁… ②梁… Ⅲ.①对联 – 作品集
– 中国 – 当代 Ⅳ.①I269.7

中国版本图书馆CIP数据核字(2019)第 286322 号

贴出中华好家风：家风家训对联大全
**TIE CHU ZHONG HUA HAO JIA FENG: JIA FENG JIA XUN DUI LIAN
DA QUAN**

农村读物出版社 出版
CHINA RURAL READING PRESS
中国农业出版社
地址：北京市朝阳区麦子店街 18 号楼
邮编：100125
策划编辑：刘宁波　　责任编辑：吕　睿　刘宁波
版式设计：马红欣　　责任校对：吴丽婷
印刷：北京通州皇家印刷厂
版次：2021 年 12 月第 1 版
印次：2022 年 10 月北京第 3 次印刷
发行：新华书店北京发行所
开本：787mm×1092mm　1/16
印张：10
字数：200 千字
定价：25.00 元

前　言

习近平总书记指出，家庭是社会的基本细胞，是人生的第一所学校，不论时代产生多大变化，不论生活格局发生多大变化，我们都要重视家庭建设，注重家教，注重家风。

家教是什么？家教就是一个家庭以家规、家训形成的良好教育。

家风是什么？家风就是一个家庭在良好家教的基础上，代代相传沿袭下来体现在家族成员的精神风貌、道德风范、审美格调和整体气质上的家族文化风格、文化现象。

在古代，很多家族和家庭，都有属于自己的家规、家训。这些成文的家规、家训，用于约束和规范家族成员的言行，一定程度上促使他们成为这个家族和家庭的佼佼者，光宗耀祖、兴耀门庭。

家训经典范例灿若群星，最早的如春秋时期孔子的《训子鲤》（又称"过庭训"）："不学诗，无以言；不学礼，不以立。"最短的如西汉王吉的《王氏家规》，只有六个字："言宜慢，心宜善。"在良好家规熏陶下，王吉度过了一次次险境，被汉宣帝刘询任命为谏议大夫。王吉是汉代山东琅琊皋虞人，而"琅琊王氏"被称为"中华第一望族"，史载名人有卧冰求鱼的王祥，竹林七贤之一的王戎，"王与马共天下"的王导、王敦，书圣王羲之等。可见家族的家规、家训不在多，而在于分量和训诫有方。古代经典家训中，篇幅最长的当属南北朝时期颜子推所著《颜氏家训》，共计七卷二十篇。这是一部内部丰富、见解独特、字字精湛、句句经典的宏大的家训教子书，充分展示了氏族治家智慧和兴家经验。它是颜氏子孙读书、做人、处世的百科全书。

清代名臣曾国藩的家书、家训中，不乏精彩绝伦的篇章。从中提炼出来的十六字箴言"家俭则兴，人勤则健；能勤能俭，永不贫贱"，让世人体味到曾氏家训中家道兴旺的玄机与真谛。同时，以曾国藩为代表的朝廷重臣们、善于将家规、家训写成对联，言简意赅，富有哲理，以之启示教育儿孙后代。对联，是汉语文学中的两行诗，号称"诗中之诗"。它是浓缩的语素、精辟的理念、智慧的结晶，是华夏民族文化基因的传承，是老祖宗留给我们的宝贵精神财富，是最接地气、最为人民大众喜闻乐见的文化载体。如曾国藩治家对联：

不为圣贤，便为禽兽；

莫问收获，但问耕耘。

与曾国藩同朝为官的左宗棠，也十分善于用对联编写家训来教育儿孙。如：

慎交游，勤耕读；

笃根本，去浮华。

左宗棠还有一副赠友联也表达了类似的观点：

发上等愿，结中等缘，享下等福；

择高处立，就平处住，向宽处行。

还有一位清代名臣林则徐，在虎门销烟中彰显民族英雄本色。他有一副训子对联，近似口语，虽联律不严谨，但情真意切，足以警示后人。联曰：

子孙若如我，留钱做什么？贤而多财，则损其志；

子孙不如我，留钱做什么？愚而多财，益增其过。

在有着千年对联传统文化的中华文明历史长河中，以对联形式出现的家规家训，就像经久不败的鲜花，在家庭教育中散发着沁人心脾的芳香。这些蕴含家训家风的对联，在家庭理想、道德教育中，发挥了积极的教化作用。

对联千古事；

忠厚一家风。

为了挖掘丰富的家训对联遗产，我们多年来潜心在浩如烟海的对联宝藏中，沉沙淘金，剖石琢玉，搜集并整理了一万余副家风家训对联，著成《中华家训对联集》。对于宋、明、清、民国历代名人家风家训的传世对联，我们本着基本保持原貌的历史唯物主义观点，依照作者生前生后的顺序编排成辑。读者可以从中领略这些历史名人的人生品格和教子传家的苦心孤诣。同时，我们把古今励志对联、古今治学对联、古今治家对联、古今处世对联、古今修养对联、姓氏宗祠对联等编辑入书，供读者品读使用。

"古为今用""激浊扬清"。从古老的"家规、家训、家教、家风"中得到教育，是一种蕴含着前人智慧的系统理念思想。在编著此书的过程中，我们参阅了《论语》《孟子》《荀子》《尚书》《中庸》《礼记》《周易》《左传》《春秋》等古代经典，其精神意念与文化气息都渗透在一些家训对联中。希望读者批判地阅览，去伪存真，剔粕吸精，真正借助此书，在家风家训的继承中，弘扬优良家风，让整个社会变得更加美好！

梁石、梁栋

2019 年 5 月 12 日于逸然斋

目 录

3

第一辑

历代名人家训对联

寇准

寇准（961—1023），字平仲，华州下邽（今陕西渭南）人。宋太平兴国五年（980）进士。太宗时官参知政事，真宗即位后，先后在工部、刑部、兵部任职。景德元年（1004）任宰相。翌年加中书侍郎兼工部尚书。三年后受排挤罢相。后遭丁谓排挤，贬雷州、衡州，死于南方。仁宗时追赠中书令，谥号忠愍。著有《寇忠愍公诗集》。

自勉联

但知行好事；

不用问前程。

苏轼

苏轼（1037—1101），字子瞻，号东坡居士，眉州（今四川眉山）人。宋仁宗嘉祐二年（1057）进士，后调福昌主簿，除签书凤翔府判官。治平年间，入判登闻鼓院，得直史馆。神宗时，曾知密州、徐州、湖州。因反对王安石新法，以作诗"谤讪朝廷"罪贬谪黄州。哲宗元祐年间，累官翰林学士兼侍读，又以龙图阁学士出知杭州、颍州、扬州，后又贬谪惠州、儋州。北返途中，卒于常州。宋代著名词人、文学家，"唐宋八大家"之一。著有《东坡七集》《东坡乐府》等。

自题联

文章最忌随人后；

道德无多只本心。

孙升

孙升（1038—1099），字君孚，北宋高邮州（今江苏金湖）人。宋治平二年（1065）进士，签书泰州判官，擢监察御史，迁殿中侍御史。后出知济州。受叔父孙觉牵连，多次被贬。著有《春秋传》多卷。

教子联

爱惜精神，留此身担当宇宙；

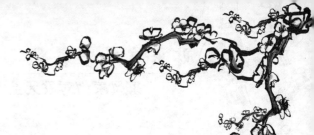

蹉跎岁月，将何日报答君亲。

岳飞

岳飞（1103—1142），字鹏举，相州汤阴（今河南汤阴县）人。据《宋史·岳飞传》载：其生时，因有大禽若鹄，飞鸣室上，故以为名。宋宣和四年（1122）从军，隶宗泽部下。建炎四年（1130），金兀术南犯杭州，他率兵大败金兵，收复建康（今江苏南京），屡立战功。历任少保，河南、北诸路招讨使，进枢密副使，封武昌郡开国公。后金人求和，岳飞反对议和。绍兴十年（1140），金人南下，他率军大破金兀术"拐子马"于郾城，乘胜进军朱仙镇。正待渡河之际，高宗、秦桧以十二道金牌急令班师。回临安（今杭州）后，秦桧指使万俟卨罗织罪名，岳飞被诬陷入狱，后以"莫须有"罪名被杀，时年39岁。宋孝宗追谥"武穆"，宋宁宗追封"鄂王"，宋理宗改谥"忠武"。

自题联

文章华国；

诗礼传家。

陆游

陆游（1125—1210），字务观，号放翁，越州山阴（今浙江绍兴）人。28岁时参加进士考试，名列秦桧孙之前，受到秦桧忌恨，竟在复试时被除名。秦桧死后，才被启用。孝宗即位后，赐进士出身。官夔州通判。宋乾道八年（1172）入王炎幕府，投身军旅。淳熙二年（1175）入范成大帅府任参议官。后在江西任地方官，后致仕还乡，长期过着清贫生活，念念不忘洗雪国耻。他是著名诗人，诗风豪放。著有《剑南诗稿》《老学庵笔记》等。

自勉联

道义无今古；

功名有是非。

朱熹

朱熹（1130—1200），字元晦，又字仲晦、晦翁，别称紫阳，徽州婺源（今属

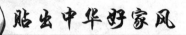

江西）人。宋绍兴十八年（1148）进士，作地方官九年，后则从事讲学与著述。他是宋理学之集大成者，称"亚圣"。著有《四书章句集注》《通鉴纲目》等。

自题联

弓裘延世泽；

诗礼袭家风。

自勉联

佩韦遵考训；

晦木谨师传。

吕祖谦

吕祖谦（1137—1181），字伯恭，婺州（今浙江金华）人。南宋著名理学家，创立的"婺学"在理学发展史上占有重要地位，与朱熹、张栻并称"东南三贤"。著有《东莱集》《历代制度详说》《家范》等。

其《家范》共六卷，从敬宗收族、明理躬行、清慎勤实等方面阐述了其家训思想。《宋史》赞曰："居家之政，皆可为后世法。"

自题联

士人身作则；

君子德为邻。

题居室联

家范千秋继；

书香万古传。

楼钥

楼钥（1137—1213），字大防，旧字启伯，自号攻媿主人，明州鄞县（今属浙江）人。南宋孝宗隆兴元年（1163）进士，调温州教授。光宗朝，擢起居郎兼中书舍人，迁给事中。宁宗即位，迁吏部尚书兼翰林侍讲，官至参知政事。著有《攻媿集》。

自题联

门前莫约频来客；

座上同观未见书。

洪咨夔

　　洪咨夔（1176—1236），字舜俞，号平斋，于潜（今属浙江杭州）人。南宋嘉泰元年（1201）进士，授如皋主簿，擢饶州教授。著有《春秋说》三卷等。

自题联

　　事可对人语；

　　心常如水平。

白侃

　　白侃（生卒年不详），山西平定人。明景泰五年（1454）进士，授浙江监察御史。成化年间，曾上疏条陈六事：一端正身心；二勤于务学；三赏罚公正；四信守原则；五选任提拔官员要精；六明颁恩荫及赏赐条例。得到明宪宗认可采纳。后升任陕西副使，卒于官邸。

自题联

　　处内以和，处外以义；

　　检身以正，交际以诚。

题厅堂联

　　公以处事，私意一毫无地入；

　　廉以持身，诚心二字有天知。

陶安

　　陶安（1315—1368），字主敬，当涂（今属安徽）人。明洪武元年（1368），金陵建翰林院，首召陶安为学士。在朝为官，恪守职责。朱元璋十分宠渥于他，御制门赐联曰："国朝谋略无双士，翰苑文章第一家。"后任江西参政，治理有方，军民诚服，卒于任上。著有《陶学士集》20 卷等。

自题联

　　洁身唯省悔；

　　处世在谦和。

自勉联

入眼诗书皆雪亮；

束身名教自风流。

祝枝山

祝枝山（1460—1527），名祝允明，字希哲，号枝山，江苏苏州人。明弘治五年（1492）举人，官广东兴宁知县，迁应天府通判。与唐寅、文徵明、徐祯卿并称为"吴中四才子"。著有《祝氏集略》等。

自题联

每闻善事心先喜；

得见奇书手自抄。

文徵明

文徵明（1470—1559），初名璧，字徵明，号衡山居士，吴县（今江苏苏州）人。明嘉靖二年（1523）以岁贡生荐试吏部，授翰林院侍诏，三年后辞官归里。以诗书画自娱。著有《甫田集》。

自题联

学养功成志君国；

晦居守分待风云。

王守仁

王守仁（1472—1528），明代著名哲学家、教育家。字伯安，余姚（今属浙江）人。明弘治十二年（1499）进士，官至南京兵部尚书，正德二年（1507）被贬贵州龙场驿驿丞。后因筑室阳明洞，创办阳明书院，世称"阳明先生"。他提出"致良知"学说，即"心学"。他的"知行合一"和"知行并进"说，旨在要用这种反求内心的修养方法，达到所谓"万物一体"的境界。著作收入《王文成公全书》三十八卷。

自题联

愿闻己过；

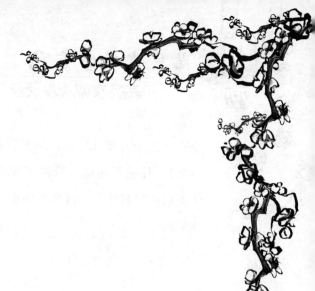

求通民情。

自勉联

心学传惠爱；

德行继弓裘。

李开先

李开先（1502—1568），字伯华，号中麓子、中麓山人，山东济南人。明代文学家、戏曲作家。

自题联

处事无机事；

随缘结善缘。

何景明

何景明（1483—1521），字仲默，号白坡，又号大复山人，信阳（今属河南）人。明弘治十五年（1502）进士，授中书舍人。官至陕西提学副使。与李梦阳、边贡、徐祯卿并称"弘治四杰"。著有《大复集》《四箴杂言》等。

自题联

小德役大德；

先知觉后知。

张瀚

张瀚（1511—1593），字子文，号元洲，明代钱塘（今浙江杭州）人。明嘉靖十四年（1535）进士，官至吏部尚书。著有《松窗梦语》。

自题堂屋联

富贵眼前花，早开也得，晚开也得；

功名身外事，大就何妨，小就何妨。

海瑞

海瑞（1514—1587），字汝贤，号刚峰，明代广东琼山（今海南海口）人。

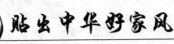

明嘉靖二十八年（1549）举人。初任南平教谕，后升浙江淳安知县。隆庆三年（1569）任应天巡抚，后被革职闲居十六年。万历十三年（1585）再起，先后任南京吏部右侍郎、右佥都御史。惩贪污，平冤狱，世称"海青天"。著有《海瑞集》。

自勉联

三生不改冰霜操；

万死长留社稷身。

陈幼学

陈幼学（1541—1624），字志行，号筼堂，明代常州无锡人。明万历十七年（1589）进士，授确山知县。后迁刑部主事，官湖州知府。在任上捕治豪绅恶霸，普惠百姓。

自题联

受一分枉法钱，幽有鬼神明有禁；

行半点亏心事，远及儿孙近在身。

陈继儒

陈继儒（1558—1639），字仲醇，号眉公，又号麋公。明代松江（今上海松江）人。诗人，善书画，终身不仕。著有《眉公十集》《闲情野史》等。

自题联

天为补贫偏与健；

人因见懒误称高。

祝世禄

祝世禄（生卒年不详），字世功，江西九江人。明万历十七年（1589）进士，官至尚宝司卿。著有《环碧斋诗集》。

自题书院联

世道今还古；

人心欲归仁。

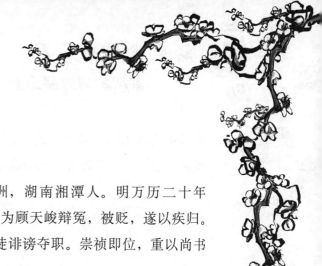

李腾芳

李腾芳（1573—1633），字子实，号湘洲，湖南湘潭人。明万历二十年（1592）进士，选庶吉士，官左谕德。因上疏为顾天峻辩冤，被贬，遂以疾归。天启初年复出，任礼部尚书，后遭魏忠贤党徒诽谤夺职。崇祯即位，重以尚书任用。著有《湘洲集》等。

自题联

养其气以刚大；

尊所闻而高明。

左光斗

左光斗（1575—1625），字遗直，号浮丘，安徽桐城人。明万历三十五年（1607）进士，参与杨涟弹劾魏忠贤事，次年被诬陷，死于狱中。作品收入《左忠毅公集》。

自题联

俸薄俭常足；

官卑清自高。

刘宗周

刘宗周（1578—1645），字起东，号念台，晚号克念子，明代浙江山阴（今绍兴）人。明万历二十九年（1601）进士，天启元年因弹劾魏忠贤，削职。崇祯元年，召为顺天府尹，后授工部左侍郎、累擢左都御史。曾建书院，讲学于蕺山，人称蕺山先生。著有《刘蕺山集》《圣学宗要》等。

自题联

无欲常教心似水；

直言自觉气如霜。

袁崇焕

袁崇焕（1584—1630），字元素，号自如，祖籍广东东莞，徙居广西藤县。

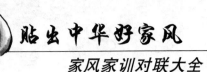

明万历四十七年（1619）进士，官至兵部尚书，督师蓟辽。后因后金军入关，威胁北京，他千里赴援。无奈崇祯帝中离间计，他以谋叛罪被凌迟而死。著有《袁督师遗集》。

自题联

心术不可得罪于天地；

言行要留好样与儿孙。

王时敏

王时敏（1592—1680），字逊之，号烟客、西庐老人，江苏太仓人。明末官太常寺少卿，入清不仕。著有《王烟客集》。

自题联

德从宽处积；

福向俭中求。

洪应明

洪应明（生卒年不详），字自诚，号还初道人。明代思想家。著有《菜根谭》。该书被人称作是一部讲述如何提高修养、正确处世的语录集，为传世至今的一本难得的教育书。

自题联

交友须带三分侠气；

做人要存一点素心。

劝勉联（一）

终生为善不足；

一日为恶有余。

劝勉联（二）

缄口不语是非事；

冷眼静观名利人。

高世泰

高世泰（生卒年不详），字汇旃，江苏无锡人。明崇祯进士，入清后官至湖广提学佥事。

自题联

言教莫如诗，观悟到中庸章句；

身教莫如礼，持循在乡党一篇。

金声

金声（1598—1645），字正希，一名子骏，号赤壁，安徽休宁人。明崇祯元年（1628）进士，屡疏陈急务，终不用，遂乞归。在乡里办团练义勇。清兵陷南京，他起义抗清，被南明隆武帝授右都御史、兵部右侍郎。兵败被俘，不屈而死。

自题联

穷已彻骨，尚有一分生涯，饿死不如读死；

学未惬心，正须百般磨炼，文通即是运通。

史可法

史可法（1602—1645），字宪之，号道邻，明代河南祥符（今开封）人。明崇祯元年（1628）进士。明亡后，在南京拥立福王（弘光帝），官至兵部尚书，兼东阁大学士。清军南下，他死守扬州孤城，城破后被俘，不屈而死。著有《史忠正公集》。

自题联

自学古贤修静节；

唯求野鹤识高情。

傅山

傅山（1607—1684），初名鼎臣，字青竹，后改青主，又字侨山，号公他，山西阳曲（今属太原）人。明亡，着朱衣隐居，号朱衣道人。博通经史、医道、

佛学，擅书画。著有《霜红龛集》等。

题居室联

性定会心自远；

身闲乐事偏多。

自题联

浩博旁通，诗书上却不许俭；

雍容薄忍，衣食边单用个勤。

郑成功

郑成功（1624—1662），本名森，字大木，福建南安人。南明弘光时监生，隆武帝赐姓朱，号"国姓爷"。永历帝封为延平郡王。明隆武二年（1646）起兵抗清，在进攻南京失利后，于永历十五年（1661）率领将士数万人进军解放沦为荷兰殖民地的台湾。被誉为"民族英雄"。

自题联

养心莫善寡欲；

至乐无如读书。

吕留良

吕留良（1629—1683），初名光轮，字用晦，号晚村，浙江桐乡人。明亡，散家财结友，图谋复兴。事败，居家设馆教书，拒不仕清。后削发为僧，改名耐可。著有《吕晚村先生文集》《东庄诗存》等。

题居室联

囊无半卷书，只有虞廷十六字；

目空天下士，只让尼山一个人。

李渔

李渔（1611—1680），原名仙侣，后改名为渔，字笠鸿，号笠翁。浙江兰溪人。清代著名作家、戏曲理论家。著有《比目鱼》等传奇、小说集《十二楼》及《笠翁对韵》等。

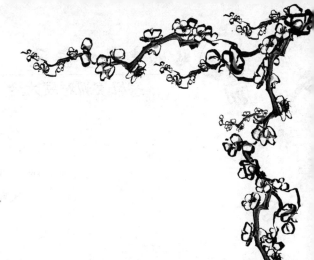

自题联

大才归雅度；

涉世守谦怀。

顾炎武

顾炎武（1613—1682），初名绛，江苏昆山人。明亡后改名炎武，字宁人，号亭林。曾随明福王抗清，后弃家北游，论学著述。晚年定居陕西华阴，至死不仕清。著有《日知录》《亭林诗集》等。

自勉联

行己有耻；

博学为文。

自题联

入则孝，出则悌，守先生之道，以待后学；

诵其诗，读其书，友天下之士，尚论古人。

朱柏庐

朱柏庐（1617—1688），名用纯，字致一，号柏庐，江苏昆山人。明末生员，入清后隐居不仕，在家授徒。所著《治家格言》，流传甚广，对后世治家教子影响较大。著有《大学中庸讲义》《愧讷集》等。

题居室联

为官心存君国；

读书志在圣贤。

魏象枢

魏象枢（1617—1687），字环溪，一字环极，号庸斋，山西蔚州（今蔚县）人。清顺治三年（1646）进士，任刑部给事中、顺天府尹。康熙十七年（1678）任都察院左都御史，升刑部尚书。为朝廷整肃纲纪，深得康熙帝信任。后病休归里。康熙手书"寒松堂"匾额赐之，遂自称寒松堂老人。著有《寒松堂集》。

题居室联

欺人如欺天，毋身欺也；

负民即负国，何忍负之。

施闰章

施闰章（1618—1683），字尚白，号愚山，又号蠖斋，安徽宣城人。清顺治六年（1649）进士，授刑部主事，擢山东学政。康熙十八年（1679）授翰林院侍讲。工诗，与山东莱阳宋琬齐名，有"南施北宋"之誉。著有《学余堂文集》《蠖斋诗话》等。

题中堂联

喜闻逆耳之言，庶无后悔；

能忍疚心之事，或有馀欢。

朱彝尊

朱彝尊（1629—1709），字锡鬯，号竹垞，又号醧舫，晚称小长芦钓鱼师。清代著名经学家、史学家、文学家，金石学家，目录学家和藏书家。一生博览群书，勤于考证，著有《经义考》300卷、《曝书亭集》80卷等。

自题联

书是良图，传世莫嫌无厚产；

仁为安宅，居家何必构高堂。

宋荦

宋荦（1634—1713），字牧仲，号漫堂，又号西陂、绵津山人，河南商丘人。清康熙三年（1664）授黄州通判，累擢江苏巡抚，官至吏部尚书，加太子少师。工诗词，著有《漫堂墨品》《江左十五子诗选》等。

题白鹭洲书院联

智水仁山，日日当前逞道体；

礼门义路，人人于此见天心。

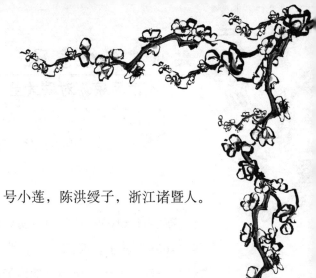

陈字

陈字（1634—?），初名儒祯，小名鹿头，号小莲，陈洪绶子，浙江诸暨人。著有《小莲客游诗》。

自题联

略翻书数则；

便不愧三餐。

阎若璩

阎若璩（1636—1704），字百诗，号潜丘，山西太原人。清康熙十七年（1678），诏征博学鸿儒科，应荐赴试，落第后寓居京师，日以论学为事。在编纂《大清一统志》的同时，协助徐乾学完成《资治通鉴后编》184卷。他的作品中《尚书古文疏证》影响最大。

自题联

好问则裕，自用则小；

功崇惟志，业广惟勤。

张英

张英（1637—1708），字敦复，号乐圃，又号圃翁，安徽桐城人。清康熙六年（1667）进士，官至文华殿大学士兼礼部尚书。康熙十六年（1677）入直南书房。史载"每从帝行，一时制诰，多出其手。"康熙曾称赞他："张英始终敬慎，有古大臣风。"晚年告老还乡，隐居于桐城龙眠山。后来，康熙两度南巡，张英皆迎驾随行。卒谥文端，雍正朝赠太傅。著有《聪训斋语》《恒产琐言》《笃素堂文集》等。

自题联

读不完架上古书，都要时时努力；

做不尽世间好事，必须刻刻存心。

题双溪草堂联

富贵贫贱，总难称意，知足即为称意；

第一辑 历代名人家训对联

山水花竹，无恒主人，得闲便是主人。

陈廷敬

陈廷敬（1639—1712），初名敬，字子端，号说岩，晚号午亭，清顺治十五年（1658）进士，改庶吉士，为与同科顺天通州陈敬区分开，顺治赐名"廷敬"。康熙十四年（1675）擢内阁学士，兼礼部侍郎。后升文渊阁大学士，兼吏部尚书、礼部尚书。康熙在位61年，陈敬廷从政53年，历经28次升迁，成为康熙朝一代重臣（清朝无宰相，大学士即等同宰相）。康熙帝给他八字评价："宽大老成，几近完人。"与张廷玉等总纂《康熙字典》。著有《午亭文编》《说岩诗集》等。

题门庭联

德积一门九进士；

恩荣三世六翰林。

陈元龙

陈元龙（1652—1736），字广陵，号乾斋，浙江海宁人。世称陈阁老，清康熙二十四年（1685）进士，授编修，值南书房。擢工部尚书，后任礼部尚书。又授广西巡抚。擅书法，著有《爱日堂文集》等。

自题联

水能性淡为吾友；

竹解心虚是我师。

石成金

石成金（生卒年不详），字天基，号惺斋，又号良觉居士，江苏扬州人。终生未仕，以教书为业。著有《传家宝》等。

自题联

言易招尤，对朋友少说几句；

书能益智，劝儿孙多读数行。

沈涵

沈涵（生卒年不详），字度汪，号心斋，晚年更号豪余居士，归安（今湖州）人。清康熙十五年（1676）进士，历任少詹事，升任内阁学士，兼礼部侍郎，会试副总裁。以公正廉明著称，任福建学政，取士不杂私心。著有《赐砚斋诗存》《读史随笔》等。

自题联

愧无文字当安命；

喜有儿孙要读书。

徐元正

徐元正，字子贞，浙江德清人。清康熙二十四年（1685）进士，官至工部尚书。著有《清史列传》等。

示儿联

咬菜须知儒者事；

守身庶慰老人心。

张廷玉

张廷玉（1672—1755），字衡臣，号研斋，安徽桐城人。清康熙三十九年（1700）进士，官至保和殿大学士、军机大臣。著有《澄怀园语》《传经堂集》等。

自题联

忠厚留有馀地步；

和平养无限天机。

爱新觉罗·胤禛

爱新觉罗·胤禛（1678—1735），即清雍正皇帝。庙号清世宗。幼年因性情急躁，康熙用"戒急用忍"训喻他，并让他随自己巡历四方。雍正即位后，整顿吏治，惩治贪墨，廉洁成风。在位十三年，勤于政事，自诩"以勤先天下""朝乾夕惕"。

自题联

诸恶不忍作；

众善必乐为。

沈德潜

沈德潜（1673—1769），字碻士，号归愚，江苏吴县人。清乾隆四年（1739）进士。曾任内阁学士兼礼部侍郎。著有《归愚诗钞》，选辑《古诗源》《唐诗别裁》等。

自题联

种树乐培佳子弟；

拥书权拜小诸侯。

鄂尔泰

鄂尔泰（1677—1745），字毅庵，西林觉罗氏，满州镶蓝旗人。清康熙举人，授侍卫。雍正三年（1725）擢云贵总督兼辖广西。雍正十年（1732）任军机大臣，授保和殿大学士兼兵部尚书。雍正去世后，受遗命与张廷玉等辅政乾隆。著有《西林遗稿》。

题赠友人联

除却诗书何所癖；

独于山水不能廉。

郑燮

郑燮（1693—1765），字克柔，号板桥，江苏兴化人。清乾隆元年（1736）进士，任山东范县、潍县知县十一年，后辞官归里，卖画为生。"扬州八怪"之首。后人辑其作出版《郑板桥集》。

自题联

操存正固称完璞；

陶铸含弘若浑金。

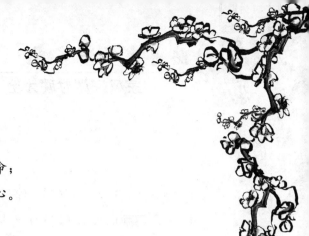

述志联

富于笔墨穷于命；

老在须眉壮在心。

题居室联

种十里名花，何如种德；

修万间广厦，不若修身。

题赠金国元联

富贵如浮云，休言子弟登龙虎；

金钱身外物，莫代儿孙作马牛。

示子女联

咬定几句有用书，可充饮食；

养成数竿新生竹，直似儿孙。

陈宏谋

陈宏谋（1696—1771），字汝咨，号榕门，广西桂林人。清雍正元年（1723）进士。官至东阁大学士兼工部尚书。著有《培远堂文集》。

自题联

惜食惜衣，非为惜财缘惜福；

求名求利，但须求己莫求人。

陈德华

陈德华（1696—1779），字云倬，直隶安州人。清雍正二年（1724）进士，授编撰，再迁侍读学士，提督广东肇庆学政，旋调广州、韶关学政，后任"一统志"馆副总裁。乾隆年间，升任户部、兵部、礼部尚书。为官清正，持修操守。著有《葵锦堂诗集》。

自题联

道在圣传修在己；

德由人积鉴由天。

梁诗正

梁诗正（1697—1763），字养仲，号芗林，又号文濂子，钱塘（今浙江杭州）人。清雍正八年（1730）一甲三名进士（探花），授翰林院编修。乾隆十年（1745）擢户部尚书，后调兵部尚书。次年任刑部尚书，翰林院掌院学士，协办大学士。工书法，编历代名家书法真迹《三希堂法帖》，书有行书《跋仇英清明上河图》，著有《矢音集》等。

自题联

九思尤贵事言谨；

一介深知取与难。

教子联

留物与儿孙，未必金黄玉美；

立世靠自己，定当品贵才高。

刘统勋

刘统勋（1700—1773），字延清，号尔钝，山东诸城人。清雍正二年（1724）进士，官至东阁大学士，兼军机大臣，加太子太保。任《四库全书》总裁官，四川会试正考官。有《文正公诗集》。

题居室联

粗茶淡饭布衣裳，这点福让老夫消受；

齐家治国平天下，那些事有儿辈担当。

李海观

李海观（1707—1790），字孔堂，号绿园，亦号碧圃老人，河南宝丰县人。清举人，官贵州印江县令。著有《歧路灯》二十卷，《中国通俗小说书目》等。

题草亭联

立德立言立功，大丈夫有不朽事业；

希贤希圣希天，真儒者尽向上功夫。

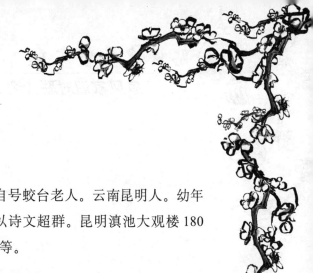

孙髯

孙髯（1711—1773），字髯翁，号颐庵，自号蛟台老人。云南昆明人。幼年随父从陕西三原流寓至云南，聪颖好学，尤以诗文超群。昆明滇池大观楼180字长联出自他的手笔。著有《永言堂诗文集》等。

自题联

梅是几生修得到；

竹真一日不可无。

题书室联

五更晓色来书幌；

一片冰心在玉壶。

于敏中

于敏中（1714—1780），字叔子，号耐圃，江苏金坛人。清雍正七年（1729）举人，乾隆三年（1738）状元，授翰林院修撰，累迁内阁学士。复督山东学政，擢兵部侍郎。官至协办大学士、文华殿大学士兼户部尚书。谥文襄。著有《素余堂集》等。

自题联

圣人畏微，必慎其独；

君子行礼，乃尊而光。

袁枚

袁枚（1716—1798），字子才，号简斋，浙江杭州人。清乾隆四年（1739）进士，曾任江宁等地知县，其间购得隋姓废园，随意修葺，就势取景，取名"随园"。辞官闲居于此，自号随园老人。著有《小仓山房文集》《随园诗话》等。

自题联

居心中正明如镜；

接物宽和蔼若春。

诚勉联

无求便是安心法；

不饱真为祛病方。

赠友联

不做公卿，非无福命都缘懒；

难成仙佛，为爱文章又恋花。

陈锷

陈锷（生卒年不详），字养愚，号白崖，浙江杭州人。清乾隆四年（1739）进士，曾为梁章钜老师。

自题联

事能知足心常惬；

人到无求品自高。

曹雪芹

曹雪芹（1716—1763），名霑，字梦阮，号雪芹，又号芹圃，芹溪。曹雪芹生于江宁（今南京），出身清朝内务府正白旗包衣世家，从曾祖到父亲一直世袭江宁织造，兼任两淮巡盐监察御使。其家庭既是一个"百年望族"，又是一个"诗礼之家"。曹雪芹成年后，家境败落。

《红楼梦》选联

身后有余忘缩手；

眼前无路想回头。

孙玉庭

孙玉庭（生卒年不详），字寄圃，山东济宁人。清乾隆四十年（1775）进士，历官湖南、湖北布政使，广东、广西巡抚，湖广、两江总督，体仁阁大学士。

自题联

甘守清贫，力行克己；

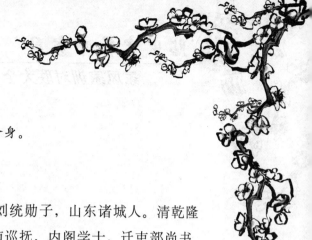

厌观流俗，奋勉修身。

刘墉

刘墉（1720—1805），字崇如，号石庵，刘统勋子，山东诸城人。清乾隆十六年（1751）进士，历官陕西按察史、湖南巡抚，内阁学士，迁吏部尚书、体仁阁大学士，加太子太保。著有《石庵诗集》等。

自题联

习勤不止能祛欲；

闻过则喜自得师。

题居室联

闲中觅伴书为上；

身外无求睡最安。

王鸣盛

王鸣盛（1722—1797），字凤喈，号西庄，浙江嘉定人。清乾隆年间进士（榜眼），工诗，擅书法。

自题联

训无逸诗书稼穑；

闲有家礼义纲常。

梁同书

梁同书（1723—1815），字元颖，号山舟，晚年自署新吾长翁。梁诗正子，浙江钱塘（今杭州）人。清乾隆十七年（1752）进士，官至翰林院侍讲。工诗、擅书法，与翁方纲、刘墉、王文治齐名。著有《频罗庵遗集》等。

自题联

能受苦方为志士；

肯吃亏不是痴人。

题居室联

贤者所怀虚若谷；

圣人之气静于兰。

赠友人联

大儒光霁家风在；

高士溪山禄隐便。

纪昀

纪昀（1724—1805），字晓岚，又字春帆，号石云，直隶献县（今属河北）人。清乾隆十九年（1754）进士，授庶吉士。官至礼部尚书，协办大学士，加太子太保。曾任《四库全书》总纂官，著有《纪文达公遗集》《阅微草堂笔记》等。

自题联

过如秋草芟难尽；

学似春冰积不高。

题居室联

积德百年元气足；

读书三代雅人多。

蒋士铨

蒋士铨（1725—1785），字心馀，一字苕生，号清容居士，又号藏园，江西铅山人。清乾隆二十二年（1757）进士，曾任翰林院编修。后主教蕺山、崇文、安定三书院。工诗，与袁枚、赵翼并称"江右三大家"。著有《忠雅堂集》《藏园九种曲》等。

自题联

富贵无常，尔小子勿忘贫贱；

圣贤可学，我清门但读诗书。

题餐室联

垂训一无欺，能安分者，即是敬宗尊祖；

守身三自反，会吃亏者，便为孝子贤孙。

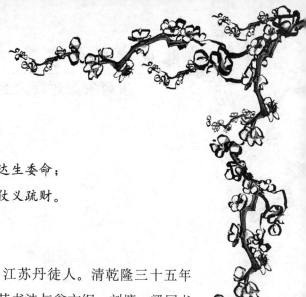

赠友人联

平居寡欲修身，临大节须达生委命；

治家量入为出，做好事则仗义疏财。

王文治

王文治（1730—1802），字禹卿，号梦楼，江苏丹徒人。清乾隆三十五年（1770）进士，官至云南临安知府。能诗擅书，其书法与翁方纲，刘墉、梁同书齐名。著有《梦楼诗集》《快雨堂题跋》等。

自题联

得好友来如对月；

有奇书读胜看花。

题居室联

身居化日光天下；

家在廉泉让水间。

彭元瑞

彭元瑞（1731—1803），字掌仍，号芸楣，江西南昌人。清乾隆二十二年（1757）进士，官至工部尚书、协办大学士。著有《恩余堂经进稿》。

自题联

何物动人，二月杏花八月桂；

有谁催我，三更灯光五更鸡。

翁方纲

翁方纲（1733—1818），字正三，号覃溪，晚号苏斋，直隶大兴（今属北京）人。清乾隆十七年（1752）进士，官至内阁学士。能词章、金石、书法，与刘墉、王文治、梁同书齐名。著有《复初斋诗文集》《石洲诗话》等。

自题联

为善最乐；

居德斯颐。

历代名人家训对联

题居室联（一）

礼门义路森规矩；

智水仁山俨画图。

题居家联（二）

修身之训惟以永；

和善之家必有余。

曹文埴

曹文埴（1735—1798），字竹虚，号近薇，安徽歙县人。清乾隆二十五年（1760）进士，翰林院侍读学士，在南书房教习皇子。历任左都御史，兼顺天府府尹。后擢户部尚书。为官持正，不附权臣和珅。后以母老引退归里，重建"紫阳书院"。为《四库全书》总裁之一。著有《石鼓砚斋文钞》20卷，《诗钞》32卷等。

自题联

喻义自无非理事；

爱名常葆不贪心。

钱沣

钱沣（1740—1795），字东注，号南园，云南昆明人。清乾隆三十六年（1771）进士，官至监察御史、通政副使，工书法，擅画马。著有《钱南园遗集》等。

自题联

爱半文不值半文，莫谓世无知者；

做一事须精一事，庶几心乃安然。

邓石如

邓石如（1743—1805），初名琰，因避讳嘉庆皇帝"颙琰"，以字石如为名，更字顽伯，安徽怀宁人。因居皖公山下，故自号完白山人（拆皖为"完白"）。书法诸体皆精，篆刻独树一帜。著有《完白山人篆刻偶存》等。

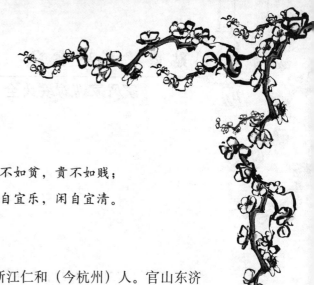

自题居室联

茅屋八九间，钓雨耕烟，须信富不如贫，贵不如贱；

竹书千万字，灌花酿酒，益知安自宜乐，闲自宜清。

黄易

黄易（1744—1802），字大易，号小松，浙江仁和（今杭州）人。官山东济宁运河同知，工书法篆刻、擅山水，为"西泠八家"之一。著有《小蓬莱阁金石文字》等。

自题联

格超梅以上；

品在竹之间。

钱坫

钱坫（1744—1806），字献之，号十兰、篆秋，上海嘉定人。乾隆三十九年（1774）副榜，官乾州州判。工书法，善墨梅。

自题联

几百年人家，无非积善；

第一等好事，还是读书。

赵魏

赵魏（1746—1825），字洛生，号晋斋，浙江仁和（今杭州）人。金石学家，著有《竹崦庵金石目》等。

自题联

积善有徵，受德之佑；

笃心自守，与道合符。

梁上国

梁上国（1748—1815），字斯仪，一字九山，乾隆四十年（1775）进士，授编修，官至太常寺卿。

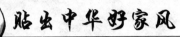

自题联

勉力为之，正人心，原风俗，实惟根本；

文治彰矣，拔真才，加训迪，勿懈功夫。

左辅

左辅（1751—1833），字仲甫，一字蘅友，号杏庄，江苏常州人。清乾隆五十八年（1793）进士，历官颖州知府，广东雷琼道，浙江按察史。嘉定二十五年（1820），调湖南布政使，擢湖南巡抚。道光二年（1822）主持城南书院。著有《念宛斋词钞》等。

自题联

无理无情，莫动心上火；

说长说短，只当耳边风。

铁保

铁保（1752—1824），字冶亭，号梅庵，满州长白人。历官吏部主事，员外郎，侍讲学士，广东巡抚，两江总督等。著有《惟清斋全集》等。

自题联

择友须求三益；

克己宜守四箴。

自勉联

齿牙吐慧皎于雪；

肝胆照人清若兰。

赠友联

岂无志者能成事；

惟有福人肯读书。

孙星衍

孙星衍（1753—1818），字渊如，江苏常州人。清乾隆五十二年（1787）榜眼。翰林院编修。仕至山东督粮道。精诗文。著有《孙渊如全集》。

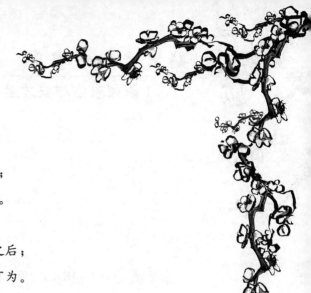

自题联

所居廉让之间；

如入芝兰之室。

赠友联

孝弟力田，明德之后；

诗书执礼，廉吏可为。

唐仲冕

唐仲冕（1753—1827），字云枳，号陶山居士，世称唐陶山，湖南善化人。清乾隆五十八年（1793）进士，官江苏荆溪知县。道光年间累官陕西布政使。著有《岱览》《陶山集》等。

自题联

雅人深致清如水；

仁者高标浑是山。

题厅堂联

克己最严，须以难处去克；

为善必果，勿以小而不为。

自勉联

我由辛苦此中来，忆当年灯影机声，莫忘慈母；

人以贫穷而发愤，期此后沉舟破釜，便是佳儿。

伊秉绶

伊秉绶（1754—1815），字组似，号墨卿，晚号默庵，人称"伊汀州"。福建宁化人。清乾隆五十四年（1789）进士，授刑部主事，迁员外郎。嘉庆三年（1798）任广东惠州知府，后调扬州知府。有政声，士民称慕。工书，尤精篆隶。著有《留春草堂诗钞》等。

自题联

读可荣身耕得粟；

勤堪致富俭恒丰。

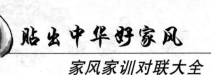

教子孙联

训在诗书，乐惟名教；

资以道义，望为羽仪。

张师诚

张师诚（1762—1830），字兰渚，浙江归安人。清乾隆五十五年（1790）进士，累官福建巡抚，署浙闽总督。道光年间任仓场侍郎。著有《省缘堂全集》等。

自题警示联

戒之在色，戒之在斗，戒之在得；

职思其居，职思其内，职思其忧。

梁中靖

梁中靖（1765—1833），字与亭，号秋园，山西灵石县人。清嘉庆六年（1801）进士，初赴广西平乐县知县，体察民情，颇有政声。道光三年（1823），朝廷授命督办山西榆次一桩行贿受贿、官官相护、逼死人命的冤案，他秉公办案，澄清冤情。轰动朝野，留下"山西灵石夏门村，出了清官梁中靖。梁御史赛包公，一锤砸翻七颗印"的民谣。后擢为太仆寺少卿。

自题联

莫求珠玉富；

但望子孙贤。

题门庭联

寿本乎仁，乐生于智；

勤能补拙，俭可养廉。

陈希曾

陈希曾（1766—1816），字集正，一字雪香，号钟溪，新城（今江西黎川）人。清乾隆五十八年（1793）进士，授翰林院编修，历任四川学政、山西学政、詹事、内阁学士等，官至刑部左侍郎。

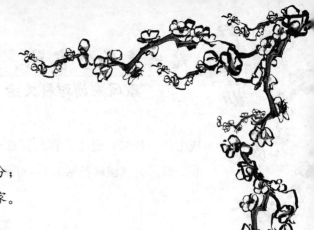

自题联

教子课孙为我分；

修身为善做人家。

朱珔

朱珔（1769—1850），字玉存，号兰坡，安徽泾县人。清嘉庆七年（1802）进士，任翰林编修、山东会试考官等。后辞官归里，主教钟山、紫阳书院。著有《经文广异》《小万卷斋诗文集》等。

题志勤堂联

士所尚在志，行远登高，万里鹏程关学问；

业必精于勤，博闻强识，三馀蛾术惜光阴。

梁天池

梁天池（生卒年不详）。清代楹联大家梁章钜之祖父。

自勉联

甘守清贫，力行克己；

厌观流俗，奋勉修身。

吴荣光

吴荣光（1773—1843），字伯荣，一字殿垣，号荷屋、可庵，晚号石云山人，别署拜经老人，广东南海人。清嘉庆四年（1799）进士，自编修擢御史，道光年间任湖南巡抚兼湖广总督，后坐事降为福建布政史。著有《筠清馆金石录》等。

自题联

盛德若愚，细行不失；

为善最乐，读书便佳。

梁章钜

梁章钜（1775—1849），字闳中，又字茝林，晚号退庵，福建长乐人。清嘉

第一辑　历代名人家训对联

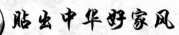

庆七年（1802）进士，官至江苏巡抚兼署两江总督。喜作笔记杂录，尤擅长对联。编著有《楹联丛话》《巧对录》《归田琐记》等。

题赠友人联

智者虚怀如水净；

高人清品与山齐。

邓廷桢

邓廷桢（1775—1846），字维周，又字嶰筠，晚号妙吉祥室老人、刚木老人，南京人。清嘉庆六年（1801）进士，授编修，官至云贵、闽浙、两广总督，与林则徐协力查禁鸦片，击退英舰挑衅。工书法，擅诗文，著有《双砚斋词话》等。

自题联

性道在修为，深造自得；

廉平称治绩，遗爱无穷。

包世臣

包世臣（1775—1855），字慎伯，一字诚伯，号倦翁，又号小倦游阁外史，安徽泾县人。清嘉庆十三年（1808）举人，官江西新喻知县。工书法。著有《小倦游阁文稿》《艺舟双楫》等。

题书斋联

喜有两眼明，多交益友；

恨无十年暇，尽读奇书。

自题联

世间唯有读书好；

天下无如吃饭难。

姚元

姚元（1776—1852），字伯昂，号荐青，安徽桐城人。清嘉庆十年（1805）进士，官至左都御史、内阁学士。

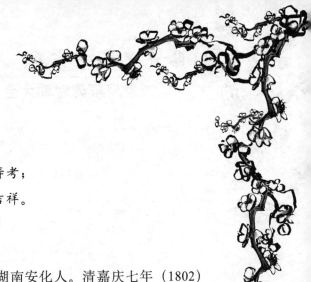

题门庭联

积善门庭，人多寿考；

传家孝友，世大吉祥。

陶澍

陶澍（1779—1839），字子霖，号云汀，湖南安化人。清嘉庆七年（1802）进士，选庶吉士，授编修，历任四川乡试副考官、监察御史，晋给事中。道光元年（1821）调山西按察使，后升安徽巡抚、江苏巡抚。递任两江总督，兼两淮盐政。卒于任，赠太子太保。著有《印心石屋文钞》等。

自题联

无遗行于乡井；

有令德在子孙。

林则徐

林则徐（1785—1850），字元抚，又字少穆、石麟，福建福州人。清嘉庆十六年（1811）进士，授翰林院编修，历任江南道监察御史，两浙盐运使，江苏、陕西按察使，河南、河北、江宁布政使、江苏巡抚。道光十七年（1837）任湖广总督，力主严禁鸦片。后以钦差大臣身份在虎门销毁英商鸦片二万二千多箱。由于清政府屈辱投降，林则徐遭贬，发配新疆。道光三十年（1850）返回福州，卒于故里。著有《林则徐集》。

自勉联

海纳百川，有容乃大；

壁立千仞，无欲则刚。

自题联（一）

定而后能静；

言之必可行。

自题联（二）

苟利国家生死以；

岂因祸福避趋之。

题书室联

师友肯临容膝地；

子孙莫负等身书。

题若烹小鲜联

应视国事如家事；

能尽人心即佛心。

训子联

子孙若如我，留钱做什么？贤而多财，则损其志；

子孙不如我，留钱做什么？愚而多财，益增其过。

贺长龄

贺长龄（1785—1850），字耦耕，号西涯，晚号耐庵，湖南长沙人。清嘉庆十三年（1808）进士，选庶吉士，授编修，提督山西学政。道光年间，历任南昌知府，山东、广西按察使，江苏、福建布政使，升贵州巡抚、云贵总督。善诗，著有《耐庵文集》。

自题联

志应存高远；

书当读悟通。

自勉联

行不得则反求诸己；

躬自厚而薄责于人。

张应昌

张应昌（1790—1874），字仲甫，号寄庵，祖籍钱塘（今杭州），生于归安（今湖州）。清嘉庆十五年（1810）举人，官内阁中书。致力于《春秋》评品，著有《彝寿轩诗钞》。

题居室联

扫地焚香，清福已具；

粗衣淡饭，乐天不忧。

梁绍壬

梁绍壬（1792—1837），字应来，号晋竹，浙江杭州人。清道光二年（1822）举人，官内阁中书。

自题联

恪勤在朝夕；

言行寡悔尤。

蒋予检

蒋予检，字矩亭，河南睢州人。清道光二年（1822）举人。官江西景德同知。工书法，与何绍基友善。

自题联

用孝养厥父母；

积阴德于子孙。

祁寯藻

祁寯藻（1793—1866），字叔颖，号淳甫，因避讳改实甫，又号春圃、息翁。山西寿阳人。清嘉庆十九年（1814）进士，授编修，累官至左都御史、体仁阁大学士兼礼部尚书。号称"三代帝师"（道光、咸丰、同治），"四朝文臣"（嘉庆、道光、咸丰、同治），"寿阳相国"。一生忠清亮直，勤政爱民，举贤荐能，政绩卓著。善书法，有"一时之最，人共宝之""楷书称著"之美誉。

自题联（一）

虚其心，实其腹；

慎乃德，敬乃仪。

自题联（二）

仁者泽流为化雨；

善人心自有长春。

修身联（一）

品节详明，德行坚定；

事理通达，心气和平。

修身联（二）

廉孝相承，世载其德；

刚柔攸得，功加于民。

赠友联（一）

居则修身，曰诚与敬；

出而应事，唯公乃明。

赠友联（二）

读《君陈》篇，惟孝友于兄弟；

遵司马训，积阴德与子孙。

李彦章

李彦章（1794—1836），字兰卿，号榕园居士，福建侯官人。清嘉庆十六年（1811）进士，曾官江苏苏州、广西思恩太守，后任山东盐运使。工诗，擅画。著有《榕园楹贴》。

自题联

蓄得奇书且勤读；

忽逢佳士喜同游。

魏源

魏源（1794—1857），原名远达，字默深，又字汉士，湖南邵阳人。清嘉庆二十七年（1822）中举，受江苏布政使贺长龄之聘，编辑《皇朝经世文编》，并受林则徐之嘱，编成《海国图志》。是最早向西方寻求新知的志士之一，提出"师夷长技以制夷"的思想。著有《古微堂诗文集》等。

自题联

事可利人皆德业；

言能益世即文章。

题居室联

才堪救世方英杰；

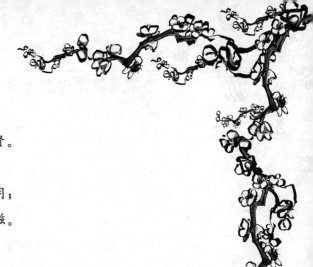

学可垂人始圣贤。

题书斋联

读万卷书贵可用；

树千秋德莫如滋。

许乃钊

许乃钊（1797—1862），字贞恒，号信臣，又号讯臣，晚号邃翁，浙江钱塘人。清道光十五年（1835）进士，累官江苏巡抚。著有《乡守辑要》。

自题联

静以修身，俭以养德；

交不遗旧，言不崇华。

吴让之

吴让之（1799—1870），原名廷扬，字熙载，后以字行，改字让之，亦作攘之，号让翁、晚学居士、方竹丈人，江苏仪征人。工书法篆刻，取法邓石如，又为包世臣弟子。著有《自评印稿题记》。

自题联

德有润身，礼不愆器；

玉韫庭照，兰生室香。

何绍基

何绍基（1799—1873），字子贞，号东洲，晚号蝯叟，湖南道州（今道县）人。清道光十六年（1836）进士，选庶吉士，授编修，任国史馆提调。后辞官从教，先后主讲山东泺源书院、长沙城南学院、岳麓书院。工书法。著有《东洲草堂诗钞》《惜道味斋经说》等。

自题联

事到无心皆可乐；

人非有品不能闲。

题书室联

悟到前身应是月；

数来好友莫如书。

赠友联

学立道通，自然贞素；

圆行方止，聊以从容。

戴熙

戴熙（1801—1860），字醇士，号鹿床，又号榆庵，晚号井东居士，钱塘（今杭州）人。清道光十一年（1831）进士，授编修，官至兵部右侍郎。后以直言黜官，辞官归里主持崇文书院。擅画山水，精书法。著有《习苦斋画絮》《粤雅集》等。

自题联

布衣得暖皆为福；

草室能安即是春。

自勉联

成家莫谓当家易；

养子应知教子难。

题门庭联

传家有道惟存厚；

处世无奇但率真。

赠友人联

询道求中，志在守璞；

资忠履信，思若有神。

曾国藩

曾国藩（1811—1872），字涤生，号伯涵，湖南湘乡人。清道光十八年（1838）进士，选庶吉士，曾任乡试正考官。历任礼、兵、工、刑、吏部侍郎。咸丰二年（1852）回籍守母丧，奉命办团练，组湘军以镇压太平军。以功加太

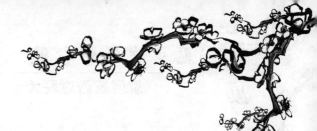

子太保，封一等毅勇侯。后又奉命督办直隶、山东、河南三省军务，镇压捻军。他倡导宋诗和桐城派古文，卓然成家。其日记与家书传诵一时。著有《曾国藩日记》《曾文正公全集》等。

自题联（一）

大处着眼，小处着手；

群居守口，独居守心。

自题联（二）

不为圣贤，便为禽兽；

莫问收获，只问耕耘。

劝勉联（一）

世事多因忙里错；

好人半自苦中来。

劝勉联（二）

敬胜怠，义胜欲；

知其雄，守其雌。

题求阙斋藏书楼联

万卷藏书宜子弟；

十年树木长风烟。

题赠澄弟联

俭以养廉，誉洽乡党；

直而能忍，庆流子孙。

题赠沅弟联

入孝出忠，光大门第；

亲师取友，教育后昆。

自箴联（一）

战战兢兢，即生时不忘地域；

坦坦荡荡，虽逆境亦畅天怀。

自箴联（二）

丈夫当死中图生，祸中求福；

古人有困而修德，穷而著书。

题思云馆联

不怨不尤，但反身争个一壁净；

勿忘勿助，看平地长得万丈高。

题庭堂联

有子孙，有田园，家风半读半耕，但以箕裘承祖泽；

无官守，无言责，世事不闻不问，只将艰巨付儿曹。

张之万

张之万（1811—1897），字子青，号銮坡，直隶南皮（今河北沧州）人。清道光二十七年（1847）状元，历任河南、江苏巡抚，闽浙总督。光绪八年（1882）任兵部尚书，后调刑部，兼任吏部尚书，升任协办大学士、体仁阁大学士、东阁大学士。晚清书法家。

题中堂联

和气致祥，厚德载物；

修身逢吉，美意延年。

左宗棠

左宗棠（1812—1885），字季高，湖南湘阴人。清道光十一年（1831），在湘水校经堂就读，屡试不第。直至咸丰二年（1852）才进入幕府，因镇压太平军建功，被朝廷重用。累官浙江巡抚、闽浙总督、陕甘总督、两江总督，封一等伯。光绪元年（1875）以钦差大臣督办新疆军务，率军西征，驱逐沙俄侵略者，三年苦战获全胜，晋二等侯。1885年在督办福建军务任上病逝。谥文襄。与曾国藩、李鸿章、张之洞并称"晚清中兴四大名臣"。著有《左文襄公全集》。

自题联

能受天磨真铁汉；

不遭人嫉是庸才。

题左氏家塾联

身无半亩，心忧天下；

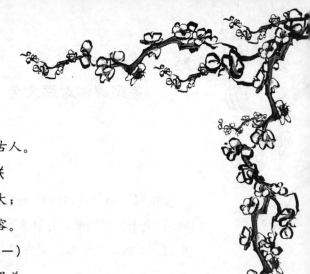

读破万卷，神交古人。

题青菁书院联

绎志多忘嗟老大；

读书有味且从容。

题赠子、侄联（一）

要大门闾，积德累善；

是好子弟，耕田读书。

题赠子、侄联（二）

慎交游，勤耕读；

笃根本，去浮华。

题友人联（一）

多狐疑者，岂能与之谋事；

好便宜者，不可与之交财。

赠友人联（二）

发上等愿，结中等缘，享下等福；

择高处立，就平处住，向宽处行。

题湖上藏书处联

负郭无田，几亩荒园皆种竹；

传家有宝，数间茅屋半藏书。

陈白崖

陈白崖（生卒年不详），道光年间文人。《楹联丛话》编者梁章钜之师。

自题联

事能知足心常惬；

人到无求品自高。

赠友联

节用爱人能道国；

正心诚意乃修身。

胡林翼

胡林翼（1812—1861），字贶生，号润芝，湖南益阳人。清道光十六年（1836）进士，授编修，江西乡试副考官。调贵州任安顺等地知府。后出黔抗击太平军，升四川按察使，旋署湖北巡抚，扶佐曾国藩，时称"曾胡"。著有《胡文忠公遗集》。

自题联

福慧双修须及物；

身名俱泰要留余。

教子联

分应独善心兼善；

家守清贫书不贫。

杨沂孙

杨沂孙（1813—1881），字子与，号泳春，晚号濠叟，江苏常熟人。清道光二十三年（1843）举人，官凤阳知府。擅篆、隶书。

自题联

眼里有馀闲，登山临水觞咏；

身外无长物，布衣素食琴书。

黄道让

黄道让（1814—1868），字师尧，号歧农，湖南临澧新安人。清咸丰十年（1860）进士，授工部主事，秉性刚直，两年后辞官。后被朝廷复用任浏阳县令，颇有政声。擅书画，著作等身。著有《雪竹楼诗稿》十四卷。

自题联

书到心融真有味；

事非身历且休言。

赠友联

菽水承欢，一孝能存千古味；

饧箫满市，几声吹暖二人心。

彭玉麟

彭玉麟（1816—1890），字雪琴，湖南衡阳人。清咸丰三年（1853）随曾国藩创办湘军水师，参与镇压太平军。光绪九年（1883）升任兵部尚书，以年迈辞。擅画梅。著有《彭刚直公诗集》。

自题联

品若梅花香在骨；

人如秋水玉为神。

题门庭联

绝少五千挂腹撑肠书卷；

只余一副忠君爱国心肝。

赠友人联

劲节清心，得贤者道；

暗香玉质，为君子人。

冯子材

冯子材（1818—1903），字南干，号萃亭，广西钦州人。清末将领，曾率部在镇南关谅山打败法国侵略军。授云南提督，因病未赴任。甲午战争期间，奉调驻守镇江，官终贵州提督。卒谥勇毅。

题秀阳书院联

不看破义利关，何须讲学；

要认识忠孝字，才是读书。

丁宝桢

丁宝桢（1820—1886），字稚璜，贵州平远人。清咸丰三年（1853）进士。同治六年（1867）任山东巡抚，光绪元年在山东建立机器局，次年任四川总督，筹划西南边防有功。卒谥文诚。著有《丁文诚公奏稿》。

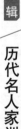

题尚志堂联

雅量涵高远；

清言见古今。

何淡如

何淡如（1820—1913），原名又雄，字淡如，以字行，广东南海人。同治元年（1862）举人，一度任高要县学教谕。后赴香港教书为生。擅对联，有"怪联圣手"之称。

自勉联

富不读书，纵有银钱身岂贵；

贫而好学，虽无功名志弥高。

自题联

有酒不妨邀月饮；

无钱何必食云吞。

俞樾

俞樾（1821—1907），字荫甫，号曲园居士，浙江德清人。清道光三十年（1850）进士，官翰林院编修，河南学政。在杭州诂经精舍讲学卅年。擅诗、联。著有《春在堂全书》。

自箴联

欲除烦恼须无我；

历尽艰险好作人。

自题联

萦回水抱中和气；

平远山如蕴藉人。

自修联

周谈彼短，我亦有短；

靡恃己长，人各有长。

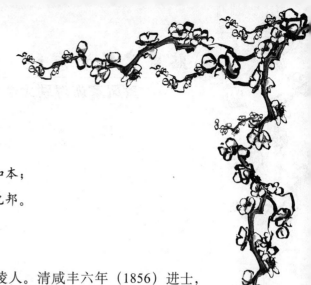

题中堂联

正修齐平，是谓知本；

诚著明动，乃能化邦。

谭仲麟

谭仲麟（1822—1905），字文卿，湖南茶陵人。清咸丰六年（1856）进士，历任江南道监察御史、杭州知府、河南按察使、陕西布政使。光绪七年（1881）升任陕甘总督。光绪十七年（1891）以尚书衔补吏部左侍郎、兼户部左侍郎。后调两广总督。卒谥文勤。

自题联

万卷藏书宜子弟；

千章杞梓荫云天。

张裕钊

张裕钊（1823—1894），字廉卿，号濂亭，湖北鄂州人。清道光二十六年（1846）中举，考授内阁中书。后入曾国藩幕府，为"曾门四弟子"之一。曾主讲江宁、湖北、直隶、陕西各书院。

自题联

无求但觉人情厚；

克己方知世路宽。

李鸿章

李鸿章（1823—1901），字少荃，安徽合肥人。道光进士，清咸丰三年（1853）在安徽办团练对抗太平军，后投入曾国藩幕府。后升任江苏巡抚。太平军灭后，封一等肃毅伯。同治五年（1866）任钦差大臣镇压了捻军起义，又任湖广总督。后长期任直隶总督兼北洋通商大臣，掌管清廷外交、军事、经济大权。著有《李文忠公全集》。

自题联

书城高大能容道；

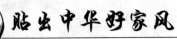

心地光明始爱才。

题门庭联

子孙贤，族将大；

兄弟睦，家之肥。

赵之谦

赵之谦（1829—1884），字益甫，号冷君，又号悲庵、无闷等。浙江绍兴人。清咸丰九年（1859）举人。官江西奉新、南城知县。清代著名书法篆刻家、画家，著有《二金蝶堂印谱》《悲庵居士文存》。

自题联

忠恕事于仁者近；

拙谦身向吉中行。

李用清

李用清（1829—1898），字澄斋，号菊圃，山西平定州乐平（今昔阳县）人。清同治四年（1865）进士，授庶吉士，出大学士倭仁门，散馆授编修。后授惠州知府，升贵西兵备道，贵州布政使，署理贵州巡抚。任职期间，政声斐然，被晚清朝野上下称为"天下俭"。因禁烟肃贪，触犯豪绅利益，遭劾。后在陕西布政使任上，因克己奉公，三年间使陕西财力增长一倍，遭致嫉恨，再度贬职。辞官归晋，在太原晋阳书院讲学十年。著有《课士语录》十六卷等。

自题联

事临头，三思为妙；

气上心，一忍最高。

李慈铭

李慈铭（1830—1894），初名模，字式侯，又字爱伯，号莼客，室名越缦堂，会稽（今浙江绍兴）人。清光绪六年（1880）进士，官至山西道监察御史。清治经学家、史学家。著有《霞川花隐词》《越缦堂文集》12 卷等。

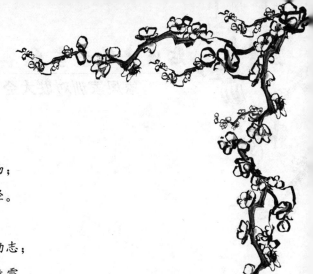

自题联

传家孝友敦三物；

报国文章本六经。

自勉联

直以持世，贞以励志；

坚可配柏，劲可凌霜。

翁同龢

翁同龢（1830—1904），字叔平，号松禅，晚号瓶庐居士等，江苏常熟人。清咸丰六年（1856）状元，曾任工部、刑部、户部尚书，军机大臣兼总理各国事务衙门大臣，为同治、光绪"两朝帝师"。倾向维新变法，戊戌变法失败后，被革职。工诗文、书法。著有《瓶庐诗文稿》。

自题联

行止无愧天地；

褒贬自有春秋。

赠友联

每临大事有静气；

不信今时无古贤。

自勉联

守独悟同，别微见显；

辞商居下，置易就难。

王闿运

王闿运（1833—1916），字壬秋，号湘绮，湖南湘潭人。清咸丰二年（1852）举人，太平军起义时，曾入曾国藩幕僚。后授翰林院检讨，加侍讲衔。辛亥革命后任清史馆馆长。曾主讲尊经、船山书院。著有《湘绮楼全集》筹。

赠友人联

守身如执玉；

从善若转圜。

家训联

戳破窗纸容易补；

败坏道德最难修。

题王姓联

门前五柳希怀葛；

堂下三槐荫子孙。

姚步瀛

姚步瀛（生卒年不详），字伯选，号海峰，清同治年间进士，曾任浙江慈利县县令。为官清正廉明，颇有政声。

自题联

淡如秋菊何妨瘦；

清到梅花不畏寒。

题家门联

世德久钦王览传；

家箴常佩马援书。

王文在

王文在（1834—1889），字念堂，号杏坞，山西稷山县人。清同治七年（1868）探花，钦点翰林院编修。授湖北学政。后主讲河津文清书院、河东书院以及晋阳、令德堂书院十余年。

自题联

抱德守真，愿葆兹善；

研书赏理，允观厥崇。

自勉联

行道有福，能勤有继；

居安思危，在约思纯。

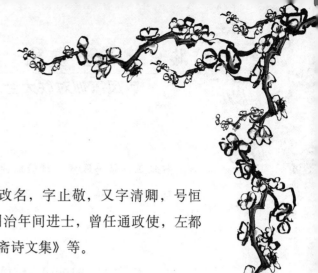

吴大澂

吴大澂（1835—1902），初名大淳，避讳改名，字止敬，又字清卿，号恒轩，又号白云山樵、愙斋等。江苏吴县人。同治年间进士，曾任通政使，左都御史，广东、湖南巡抚。金石学家，著有《愙斋诗文集》等。

自题联

好人多自苦中来，莫图便益；

凡事皆缘忙里错，且更从容。

张之洞

张之洞（1837—1909），字孝达，又字看岩，号香涛、壶公，晚号抱冰，河北南皮人。清同治二年（1863）进士，历任翰林院侍讲学士、内阁学士、山西巡抚、两广总督、湖广总督、军机大臣。创办京汉铁路、汉阳铁厂、萍乡煤矿等，是洋务派重要人物。主张"中学为体，西学为用"。卒谥文襄。著有《张文襄公全集》。

题广雅书院联

虽富贵不易其心，虽贫贱不移其性；

以通经学古为本，以救世行道为贤。

陆润庠

陆润庠（1841—1915），字凤石，元和（今苏州）人。清同治十三年（1874）状元，授翰林院修撰。光绪三十二年（1906）任工部尚书，吏部尚书。宣统二年（1910）任东阁大学士，为末代皇帝溥仪之师。卒赠太傅，谥文端。擅书法。

自题联

欲除后悔先修己；

各有来因莫羡人。

赠友人联

存心不作烟霞侣；

立品偏交松石朋。

题书斋联

读书取正，读易取变，读骚取幽，读庄取达，读汉书取坚，最有味卷中岁月；

与菊同野，与梅同疏，与莲同洁，与兰同芳，与海棠同韵，定自称花里神仙。

王之春

王之春（1842—1906），字爵棠，号椒生，湖南清泉（今湖南衡南）人。先后为曾国藩、李鸿章、彭玉麟部属。多次向朝廷上书，提倡自强新政。晚年迁寓上海。著述颇丰。

自题联

养正一篇开性钥；

省身三要辟贤关。

劝勉儿孙联

少读书，便是低天分；

行刻薄，真乃大糊涂。

吴鲁

吴鲁（1845—1912），字肃堂，号且园，福建晋江人，清光绪十六年（1890）状元，授翰林院修撰，掌修国史。历任安徽学政、云南学政、吉林提学使。著有《读礼纂录》等。

自题联

富贵无常，处世勿忘贫贱；

圣贤可学，立身谨记读书。

张祖翼

张祖翼（1849—1917），字逖先，号濠庐等，因寓居无锡，又号梁溪坐观老人，安徽桐城人。近代著名书法家、篆刻家、金石收藏家。

自题联

子孙好守儒门学；

乡里仍名廉吏家。

刘奋熙

刘奋熙（1857—1899），字振翼，一字汝贤，号筱岩，山西祁县人。二十九岁中举人，三十四岁中进士。历任修撰，山西学政，江苏镇江、苏州知府。著有《爱薇堂遗集》等。

自题联

非关报应方行善；

岂为功名始读书。

端方

端方（1861—1911），字午桥，号陶斋，金石学家。清光绪八年（1882）中举，捐员外郎，后迁侯补郎中。受慈禧赏识，被赐三品顶戴。升陕西按察使、布政使，陕西巡抚，湖北巡抚。其间兴办几十所新式学堂，派出大批留学生前往美国。著有《陶斋吉金录》等。

题学堂联

群族竞争，观以佛家平等法；

十年教训，养成君子六千人。

自勉联

欲却己私，克胜三仇心自净；

思臻圣业，坚持十诫德方隆。

曾熙

曾熙（1861—1930），字子缉，初字嗣元，又字季子，号俟园，晚号农髯，湖南衡阳人。清光绪二十九年（1903）进士。官兵部主事、提学使、弼德院顾问。曾主讲衡阳石鼓书院、汉寿龙池书院，任湖南教育会长。工诗文，擅书画。

自题联

守正行权真事业；

平矜节欲大功夫。

孙中山

孙中山（1866—1925），名文，字载之，号日新，又号逸仙，化名中山樵，广东香山县人。中国国民党创始人，三民主义倡导者，近代民主革命家。1912年1月1日，中华民国临时政府成立，为临时大总统。著有《建国方略》《孙文学说》等。

自题联

让人非我弱；

得志莫离群。

朱应镐

朱应镐（生卒年不详），字耘青。清光绪年间，官至福建政和、台湾宜兰等县主簿。著有《楹联新话》10卷。

自题联

洗心日斋，防患日戒；

循法无过，修礼无邪。

题五世同居联

学以居敬穷理之本；

道在事亲从兄之间。

蔡元培

蔡元培（1868—1940），字鹤卿，又字仲申，乳名阿培，曾化名蔡振、周子余，浙江绍兴人。早年赴德、法留学，研究哲学、文学、美学、心理学和文化史。任中华民国南京临时政府教育总长，后出任北京大学校长。制定中国近代高等教育法令——《大学令》。著有《伦理学原理》《哲学大纲》等。

题赠联

各勉日新志；

共证岁寒心。

自题联

贫贱何妨，只要把物与民胞安排下去；

精神能固，却须从冰天雪地磨炼过来。

梁梦笔

梁梦笔（1868—1938），字墨砚，号崇文轩，河北井陉彪村人。工诗、对联，亦精书画收藏。编著《对联从新》。

自题联（一）

一团和气环家室；

万卷藏书惠子孙。

自题联（二）

忍为高，和为贵；

书润屋，德润身。

赠友联

浮名过眼瞬间逝；

厚德清心百世传。

题庭堂联

修到梅花何妨瘦；

琢成璞玉不辞勤。

抒怀联

甘以不争，素心若雪；

羞与为伍，贵气如兰。

霍元甲

霍元甲（1869—1910），字信卿，天津市人。曾在上海创办精武体育会。著名拳术大师，多次击败外国武士的挑战。

自题联

同外国民族争强，方为好汉；

对自家乡亲和气，乃是英雄。

第一辑｜历代名人家训对联

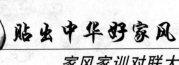

唐驼

唐驼（1871—1938），原名成烈，又名守衡，字鹤龄、孜权，上海人。工书法，出版有《孝弟祠记》《育和堂记》字帖。

自题联（一）

栽培心上地；

涵养性中天。

自题联（二）

乐善人皆佛；

无求我亦仙。

赠友联

世事让三分，天空地阔；

心田留一点，子种孙耕。

江蟠春

江蟠春（生卒年不详），字寿山，安徽六安人。清道光举人，曾在六安万松精舍教书。

自题联

闲与老梅较风骨；

笑扶新竹上云霄。

徐特立

徐特立（1877—1968），湖南长沙人。毛泽东恩师。无产阶级革命家、教育家。

赠友联

有关家国书常读，

无益身心事莫为。

黄炎培

黄炎培（1878—1965），字任之，江苏川沙（今属上海）人。早年参加同盟

会，后从事教育事业与民主运动。新中国成立后，历任全国人大副委员长、全国政协副主席。

自题联

大量容人，小心处事；

正身率物，屈己为群。

题书斋联

毋忘孤苦出身，看诸儿绕膝相依，已较我少年有福；

切莫奢侈过分，闻到处向隅而泣，试问你独乐何心。

吴玉章

吴玉章（1878—1966），原名永珊，字树人，四川荣县人。早年参加同盟会和辛亥革命。参加过南昌起义，后被派往苏联、法国和西欧工作。与董必武、林伯渠、徐特立、谢觉哉被誉为"延安五老"。杰出的无产阶级革命家、教育家。著有《吴玉章回忆录》等。

自题联

利人时出平情语；

修己常怀改过心。

教子联

创业难，守业亦难，明知物力维艰，事事莫争虚体面；

居家易，治家不易，须自我身作则，行行当立好楷模。

胡汉民

胡汉民（1878—1936），原名衍鸿，字展堂。早年追随孙中山先生，曾任广东省省长、立法院院长等。著有《不匮室诗抄》等。

自题联

常居贤母三迁里；

不慕高官万石家。

赠友人联

世道每逢谦处好；

人情常在忍中全。

陈独秀

陈独秀（1878—1942），原名陈乾生，字仲甫，安徽怀宁人。早年投身革命，中国共产党缔造者之一。

赠友联

行无愧怍心常坦；

身处艰难气若虹。

于右任

于右任（1879—1964），原名伯循，字诱人，谐音"右任"为名，别署骚心、髯翁，晚年自号太平老人。陕西三原人。早年同盟会员，多年在国民政府任高官。中国近现代高等教育重要奠基人之一。工书法，创立"标准草书"。著有《于右任书法全集》等。

自题联

无极原有极；

欲仁存至仁。

自箴联

当无事时自固气；

大有为者能知人。

赠蒋经国联

计利当计天下利；

求名应求万世名。

赠友人联

贤人处世能三省；

君子立身有九思。

马君武

马君武（1881—1940），名和，以字行。广西桂林人。曾留学日本、德国。

民国初年，任临时政府实业部次长。晚年任广西大学校长。著有《马君武诗稿》。

自题联

种树如培佳弟子；

卜居恰对好湖山。

题宗祠联

承先人余业，意种心耕，庶保箕裘不坠；

冀后嗣克家，鸡窗萤火，宜延堂构维新。

冯玉祥

冯玉祥（1882—1948），字焕章，安徽巢县人。第二次直奉战争中发动北京政变，改所部为国民军。1928年起，因与蒋介石发生冲突，举兵反蒋，先后进行了蒋冯战争和中原大战。1931年"九·一八"事变后，积极主张抗日。抗日战争胜利后，与中共合作，反对内战，并与李济深等发起组织中国国民党革命委员会。1948年9月，回国参加政治协商会议筹备工作，途中在黑海因轮船失火遇难。

自题联

廉耻自守则长足；

道德是乐乃无忧。

蒋梦麟

蒋梦麟（1886—1964），原名梦熊，字兆贤，号孟邻，浙江余姚人。中国近代教育家，曾任国民政府第一任教育部长、行政院秘书长，后任北京大学校长。著有《中国教育原则之研究》等。

赠友联

学道、信道、乐道；

识人、用人、容人。

徐永昌

徐永昌（1887—1959），字次宸，山西崞县（今原平）人。民国时军事家。

题居室联

万化所基，人伦冠冕；

二南之业，家学渊源。

陶行知

陶行知（1891—1946），本名文浚，安徽歙县人。早年信仰王阳明"知行合一"学说，改名知行，后又改为行知。1917年回国，任南京高等师范学校教务长。后创办南京晓庄师范学校。著名教育家、思想家。

自题联

捧着一颗心来；

不带半根草去。

赠友联

做个好人，心正身安魂梦稳；

行些善事，天知地鉴鬼神钦。

姚琮

姚琮（1891—1977），字味辛，浙江瑞安人。早年考入保定陆军速成学堂，后在黄埔军校任教官。

赠友联

心安茅屋稳；

性定菜根香。

郑逸梅

郑逸梅（1895—1992），名愿宗，字际玉，笔名冷香、陶拙庵主，江苏吴县人。著名作家，著有《艺林散叶》《艺坛百影》等。

自题联

其言善也；

惟德馨乎。

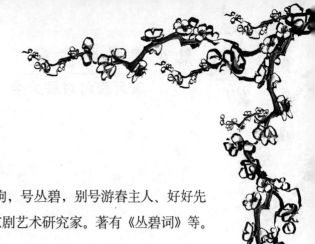

张伯驹

张伯驹（1898—1982），原名张家骐，字伯驹，号丛碧，别号游春主人、好好先生，河南项城人。中国书画鉴赏家、鉴定家，京剧艺术研究家。著有《丛碧词》等。

自题联

人生惟酒色机关，须百炼此身成铁汉；

世上有是非门户，要三缄其口学金人。

老舍

老舍（1899—1966），原名舒庆春，字舍予，别名老舍、絜青、鸿来、非我，北京人。著名作家、现代小说家、戏剧家、语言大师。著有《茶馆》《四世同堂》等。

示女儿联

劳逸妥安排，健康多福；

油盐休浪费，勤俭持家。

夏承焘

夏承焘（1900—1986），字瞿禅，晚年改字瞿翁，别号谢邻、梦栩生，浙江温州人。现代词学开拓者与奠基人，号称"一代词宗"。

自题联

若能杯水如茗淡；

应信村茶比酒香。

梁富春

梁富春（1900—1975），字润小，原籍河北井陉彪村，后定居山西昔阳孔氏村。一生涉足药材、染业、炊事，爱好书法对联。为本书编著者家父。

自题联

涵养须怀德；

才能在致知。

自勉联

仗义疏财犹自若；

修身尚德拜人师。

题大门联

庭有仁风人有德；

家传孝道业传勤。

题居室联

善孝仁和，上佳风水；

德行勤俭，顶好人家。

自勉联

坐拥百城，方塘半亩；

静修三德，精白一生。

黄亮

黄亮（1903—1987），字北奇，别号本翁，江西安义人。当代书法家。

自题联

下问成大器；

上德企中行。

林步青

林步青（生卒年不详），号青圃。

自题联

反己有真修，须留神检到心身界上；

加工无别法，务着力打开义利关头。

题居室联

庭余嘉荫，室有藏书，天下事随处而安，即此是雕梁画栋；

卜得芳邻，居成美境，田舍翁同心已足，温言应列鼎鸣钟。

古今励志对联

一言九鼎 只字千钧	五车诗胆 八斗才雄	生为人杰 死作鬼雄
功深百炼 才具千钧	宁为玉碎 不作瓦全	倾心见政 面壁求和
绳锯木断 水滴石穿	磨璞成玉 砺剑生辉	一经传旧德 五字耀英才
丈夫志四海 古人惜寸阴	三思难下笔 一枝几成名	天高难诉苦 诗拙贵知真
不随时俯仰 自得古风流	不矜威益重 无私品自高	无极原有极 欲仁存至仁
白眼观天下 丹心报国家	丹心明日月 刚正耀春秋	宁向直中取 不以曲里求
宁为赵氏鬼 不作他邦臣	宁为枉死鬼 不作亡国奴	自觉丹心壮 岂忧白发斑
名利淡如水 气节重若山	名列高人传 德歆太上年	各勉日新志 共证岁寒心
多文以为富 逊世不见知	当风纵烈马 跨海屠神鲸	观海而心静 临风以志清
有志胸襟阔 无私天地宽	有为能自立 无事不可言	披云而见日 辟地以开天

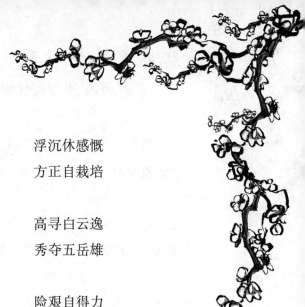

英雄尚毅力　　　　　养天地正气　　　　　浮沉休感慨
志士多苦心　　　　　法古今完人　　　　　方正自栽培

纵横计不就　　　　　恪勤在朝夕　　　　　高寻白云逸
慷慨志犹存　　　　　怀抱观古今　　　　　秀夺五岳雄

耻求笔底利　　　　　厚积言有物　　　　　险艰自得力
羞逐眼前名　　　　　苦练笔生花　　　　　金石不随波

检书几案窄　　　　　射虎期穿石　　　　　渊清有遐略
昂首海天宽　　　　　闻鸡愿着鞭　　　　　高躅无近蹊

清操厉冰雪　　　　　骐骥思千里　　　　　欲养鲲鹏志
赤手捕长蛇　　　　　鹪鹩老一枝　　　　　先收鸿鹄心

海阔凭鱼跃　　　　　鹏鹗砺羽翼　　　　　雅量含高远
天高任鸟飞　　　　　龙鸾炳文章　　　　　诗书见古今

瓢饮难夺志　　　　　疆场无敌手　　　　　干青云而直上
蜗居却添神　　　　　艺苑发奇光　　　　　障百川而东之

大着肚皮容物　　　　白发戴花休笑　　　　两鬓多年似雪
立定脚跟做人　　　　雏燕凌汉莫惊　　　　一心至死如丹

弃燕雀之小志　　　　努力如是之者　　　　革命尚未成功
慕鸿鹄而高翔　　　　成功其庶几乎　　　　同志还须努力

铁石梅花气概　　　　闲逸磨损意志　　　　竖起脊梁立志
山川香草风流　　　　勤奋陶冶情操　　　　放开眼界观人

推倒一时豪杰
扩拓万古心胸

燕雀当思壮志
梅兰珍重年华

一介书生存本色
百年事业作良师

一生肝胆向人尽
万里河山为世留

一心祝笋快成竹
几日怜槐已着花

一鹗忽翔万云怒
群虬相奋孤剑鸣

人生自古谁无死
几事行其心所安

人品比南极出地
此心如大月当天

几生修到梅花骨
一代争传柳絮才

几番磨炼方成器
十载耕耘自有功

三生早许风神句
八斗难量落拓才

三世青毡宜耐冷
五更黄卷莫辞勤

三千水击鹏溟上
百二峰环雁荡南

大丈夫成家容易
真君子立志不难

大宛名驹日千里
丹山一凤飞九霄

大丈夫应尔雄飞
好男儿岂为牛后

士也置身宜尚志
佛之入世只无争

千年日至天非远
六艺心通海可浮

千年事业方寸内
万里乾坤掌握中

千年艰险小生死
万代权衡大是非

万里风云横笔阵
九天圭璧入文坛

万里风云生骥足
九天云雨壮龙韬

万事必求其所以
居心不可有然而

万顷鸥波闲境界
九秋鹏举健精神

才高自觉风云阔
情重反疑华岳轻

不可强鼓血气勇
未宜轻折平生腰

不悲镜里容颜瘦
且喜心头疆域宽

不向半天擎日月
却来片地撼风雷

天涯怀友月千里
灯下读书鸡一鸣

天为补贪偏与健
人因见懒误称高

为人当于世有益　　为人竖起脊梁铁　　为有才华翻蕴藉
凡事求其心所安　　把卷撑开眼海银　　每从朴实见风流

为有牺牲多壮志　　历劫方显钢骨硬　　今日画眉春在手
敢教日月换新天　　经霜更知秋水明　　他年攀桂月当头

无欲常教心似水　　无限风光厚属我　　开卷神游千载上
有言自觉气如霜　　一生事业肯劳人　　垂帘心在万山中

云龙搏浪飞三级　　丹心已共河山碎　　风前莫做墙头草
天马行空载五华　　大义长争日月光　　雪里要学山上松

风流甘落他人后　　介子隐名不辑录　　手把方向轮直正
智勇遥凌壮士前　　愚公持志定移山　　眼观世界气和平

手扶日月重轮镜　　立志不随流俗转　　立节可为千载道
身镇山河边塞关　　留心学到古人难　　成文自足一家言

古人却向书中见　　古人已往留明鉴　　未出土时先有节
男子要为天下奇　　逝者如斯惜少年　　及凌云处尚虚心

可叹雄心醉中老　　平生只负云间梦　　白首雄心驯大海
莫使壮志梦里衰　　一步能空天下山　　青春浩气走千山

令传貔虎三千壮　　用心不古非时杰　　宁为宇宙闲吟客
队想鲸鲵十万雄　　立志能迁乃大才　　不作乾坤窃禄人

宁为君子讥其激　　达向九霄云路近　　百炼此身成铁汉
勿让世人笑我圆　　峰高五岳众山低　　三缄其口学金人

百年丕振延陵绪　　光阴似箭催人老　　自信人生二百年
三让尤存泰伯心　　日月如梭趱少年　　会当水击三千里

有志鲲鹏堪展翼　　有志始知蓬岛近　　有志者终成大事
无言桃李自成蹊　　无为总觉咫尺遥　　无心人易失良机

有限人生勤进取　　有谋有勇人中杰　　好向上天辞富贵
无边事业乐耕耘　　无法无天阶下囚　　却来平地作神仙

好向深层谋道义　　壮士腰间三尺剑　　吐凤才高应跨凤
不图表面作文章　　男儿腹中五车书　　屠龙技美自乘龙

冲霄黄鹤有奇翼　　岂无志者能成事　　老牛力尽丹心在
拔地苍松多远声　　唯有福人肯读书　　志士年衰赤胆悬

老眼平生空四海　　老树著花偏有志　　老骥伏枥千里志
赤心终世怀九州　　春蚕食叶倒抽丝　　短锥处囊半寸锋

身向尺天崇伟业　　身无钱扰心常泰　　志若为山唯努力
人从碧海望才名　　日有书看我不穷　　心同流水好忘机

直上青天揽日月　　直谅喜来三径友　　鸢飞鱼跃潭中月
欲倾东海洗乾坤　　纵横富有百城书　　虎伏龙吟海外天

事多长恨时间少　　苍茫物象求天外　　命苦不如趁早死
志矩始忧道路长　　跌宕灵性在我心　　家贫无奈作先生

板凳要坐十年冷　　虽无彪炳英雄业　　肩头伊尹谁能任
文章不写一字空　　却有忠诚赤子心　　脚底鸥夷未了心

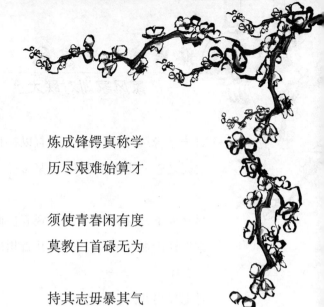

重生杜宇宁啼血　　　　春蚕到死丝方尽　　　　炼成锋锷真称学
不死春蚕尽吐丝　　　　蜡炬成灰泪始干　　　　历尽艰难始算才

宝剑锋从磨砺出　　　　恒心搭起通天路　　　　须使青春闲有度
梅花香自苦寒来　　　　勇气冲开智慧门　　　　莫教白首碌无为

闻鸡艺海拾晨月　　　　莫猎青蚨迷正路　　　　持其志毋暴其气
萤雪书山撷斗牛　　　　应追黄鹄贯长空　　　　敏于事而慎于言

胸阔千秋如粟粒　　　　浪子回头金不换　　　　高才非世所束缚
心轻万事似鸿毛　　　　英雄末路志犹坚　　　　壮志与人有始终

海枯石烂心不变　　　　海到无边天作岸　　　　唯有真才能血性
地老天荒志犹坚　　　　山登绝顶我为峰　　　　须从本色见英雄

道义能担肩似铁　　　　唯大英雄能本色　　　　富于笔墨穷于命
精神不动重如山　　　　是真才子自风流　　　　志在须眉壮在心

朝天有道青春乐　　　　尊前订就千秋业　　　　铺路许输头作石
庭饭无私白日闲　　　　堂下罗生十种花　　　　擎天甘献骨为梯

碧海掣鲸望巨擘　　　　碧血丹心照青史　　　　愚公未惜移山力
云天张翼仰高鹏　　　　壮歌浩气贯长虹　　　　壮士须怀断腕观

愿乘风破万里浪　　　　睡狮猛省天下晓　　　　蓄志谷怀比火热
甘面壁读十年书　　　　卧龙惊起雨中春　　　　辨丝赤心似镜明

鹰隼入云睐所向　　　　一息尚存，不容稍懈　　　人称其才，我称其德
骅骝得路慎于平　　　　百年之后，归于其居　　　不为良相，便为良医

君子立身，可大可小　　　直以持世，贞以励志　　　读万卷书，行万里路
丈夫之志，能曲能伸　　　坚可配柏，正可凌霜　　　综一代典，成一家言

尽交天下贤豪长者　　　观五岳而知众山小　　　燕雀焉知鲲鹏远志
常作江山烟月主人　　　凡百川咸于大海归　　　俗人岂懂白雪阳春

是七尺男儿，生能舍己　　　喜有两眼明，多交益友
作千秋野鬼，死不还家　　　恨无十年暇，尽读奇书

绝少五千拄腹撑肠书卷　　　鹏翅高飞压风云于万里
只余一副忠君爱国心肝　　　鳌头独占依日月以九霄

一点心思，做出千年事业　　　心有三爱，奇书骏马佳山水
两个目的，看破万里乾坤　　　园栽四物，青松翠柏白梅兰

破釜沉舟，百二秦关终属楚　　　嫉恶如仇，几根硬骨横天下
卧薪尝胆，三千越甲定吞吴　　　舍生取义，一颗头颅落状元

行作远行，志在难中不辍志　　　富贵无常，尔小子勿忘贫贱
事成大事，思于易里求深思　　　圣贤可学，我清门但读诗书

披一品衣抱九仙骨狂生无礼称愚弟　　　大丈夫不食唾余，时把海涛清肺腑
行千里路读万卷书侠士有志傲王侯　　　士君子岂依篱下，敢将台阁占山巅

穷已彻骨，尚有一分生涯，饿死不如读死
学未惬心，正须百般磨炼，文通即是运通

戴天履地并称才，七尺伟然，须赫几分事业
往古来今中有我，百年易耳，当思千载姓名

第三辑

古今治学对联

才高八斗 学富五车	文为人表 礼是身基	为善最乐 读书更佳	开卷有益 闭户自精
友天下士 读古人书	心诚功就 水滴石穿	行千里路 读万卷书	功深百练 才具千钧
杏坛设教 黍谷回春	好文求识 学艺步新	好学无处 苦读有恒	化苦偃草 博我以文
迎难而进 温故知新	学知不足 事道有余	学知不足 业精于勤	学无止境 教有所长
学以致用 智可笃行	学培桃李 校育栋梁	汤爱尺日 禹惜寸阴	闳中肆外 博古通今
废寝忘食 温故知新	闻鸡起舞 借萤读书	咬文嚼字 夺秒争分	读书万卷 晓礼百家
读书索理 就烛求明	读圣贤书 行仁义事	读书是福 唯道集成	敏而好学 乐以求新
曾三颜四 禹寸陶分	惠心有迹 润物无声	绳锯木断 水滴石穿	尊师重教 敬业乐群
勤能补拙 学可医愚	博闻强记 好学深思	精通诸子 博览群书	囊萤借亮 凿壁偷光
文魁占泰运 学识继嘉风	立品同白玉 读书到青云	书中藏智慧 笔下出文章	书载乾坤大 笔挥日月长

书哲皆圣道　　学业鸿儒富　　闲居静蓄志　　认真传教化
易理悉天心　　文章大雅存　　至乐细读书　　温故可知新

欲知千古事　　至教遗千载　　学成堪致用　　学问追求得
须读五车书　　立言播六经　　功就乃中和　　成绩奋斗来

典坟探奥旨　　佩韦遵考训　　品画师三李
诗书挹余波　　晦木谨师传　　论书仰二王

读书增智慧　　读书资博约　　读书求甚解
学问长精神　　礼教致中和　　学艺在精通

读书先审器　　研磨贵纯一　　曾三颜四训
稽古有遥源　　学问尚精专　　不二精一家

著述须待老　　积学如储宝　　剑锋出磨砺
积勤宜少时　　敬贤以富才　　梅馥发苦寒

慎言节饮食　　修业勤为贵　　道德为原本
信道守诗书　　行文意必高　　知识极诚明

十载鸡窗努力　　文以知稀为贵　　不必燃藜继晷
一朝雁塔题名　　学能时习乃专　　能资达理生辉

书能变人气质　　以教人者教己　　以宇宙为教室
诗可养其精微　　在劳力上劳心　　奉自然作宗师

未能一日寡过　　劝学莫先于我　　名教自人乐地
恨不十年读书　　当仁不让于师　　读书是我良田

知不足者好学
耻下问者自矜

求学将以致用
读书贵在虚心

是处春风桃李
他年时代栋梁

志在书山探宝
心游学海觅珠

时教必有正业
成德自足达材

种竹贵在蓄志
至乐莫如读书

冠四民之为士
通三才之谓儒

积钱何如积德
买地岂比买书

躭文艺如嗜欲
面古人为朋曹

读书心存远志
实践悟出真知

得英才而教育
以山水为性情

骄傲人自浅薄
狂妄者更无知

慎交游勤耕读
笃根本去浮华

一代翰林风月日
六朝兰锜谢王家

一年之计春为早
十载寒窗志在先

十年美誉凭苦干
万里鹏程在读书

人于静处心多妙
诗到穷时句亦工

几番磨琢方成器
十载耕耘苦读书

三分云彩三分雨
一寸光阴一寸金

三世青毡宜耐冷
五更黄卷莫辞勤

三更犹记载花事
午夜常明备课灯

三德合身人品好
百花齐放校园春

三代遗规重庠序
九州奇变说山河

三湘隽士讲研地
四海学人向往中

才识奎星真面目
又观沧海大文章

才如潮海文方伟
腹有读书气自华

才如天马行空惯
笔似燕尾点水轻

千尺松筠霜后翠
五云花萼日边红

千重山势撑文笔
一派川流见道心

万丈光芒迎斗极
四周烟景焕文章

万卷藏书宜子弟　　　万卷雄文传古训　　　士要成功须定力
十年树木长风烟　　　千秋学子仰宗师　　　学无止境在虚心

之乎者也初开课　　　门前莫约频来客　　　习勤不止能祛欲
仁义道德始入门　　　座上同观未见书　　　闻过则喜自得师

太极两仪生四象　　　文无定法唯求是　　　文比韩公能识字
春宵一刻值千金　　　理得真诠始见精　　　诗追杜老转多师

文能换骨余无法　　　文章尔雅从不俗　　　文章最忌随人后
学到寻源自不疑　　　诗赋风流自有神　　　道德无多只本心

不惜光阴于今日　　　不向孔颜寻至乐　　　开卷独游千载上
必留遗憾在明朝　　　难以典诰悟微言　　　闭门如在万山中

天下奇观书卷好　　　天然文吐春云润　　　从此才华展骥足
世间滋味菜根香　　　悟后心如秋水明　　　于今身价重龙门

无情岁月增中减　　　风月一天诗酒料　　　风引江心过枕上
有味诗书苦后甜　　　文章千古性灵花　　　睡余书味在胸中

五伦有乐天所附　　　书似青山常乱叠　　　书到心融真有味
数世之利书为长　　　灯如红豆总相思　　　事非身历且休言

书到用时方恨少　　　书从疑处翻成悟　　　书山有路勤为径
事非经过不知难　　　文到穷时自有神　　　学海无涯苦作舟

书味本长宜细索　　　水唯性淡为吾友　　　古人所重在大节
砚田可种勿抛荒　　　竹解心虚是我师　　　君子于学无常师

古人已往留明鉴　　　术业宜从勤学起　　　未须百事必如意
逝者如斯惜少年　　　韶华不为少年留　　　且喜六时长见书

正学废兴关世运　　　立志须有千载想　　　立德须从三古志
斯文绝续在人才　　　闲谈勿过五分钟　　　为书自起一家言

立志不随流俗转　　　立品早防冯妇虎　　　半亩方塘开一鉴
留心学到古人难　　　读书不好叶公龙　　　千年正学集诸儒

生活恰如鱼饮水　　　有志登天天有路　　　有关家国书常读
进修浑似燕衔泥　　　无心为学学无门　　　无益身心事莫为

名须后世称方好　　　名美尚欣闻过友　　　任事者必以实学
书到今生读已迟　　　业高不废等身书　　　谨言人每有奇文

自喜轩窗无俗韵　　　百尺竿头未止步　　　鸟欲高飞先振翅
亦知草木有真香　　　盛名之下更虚心　　　人求上进早读书

好书不厌看还读　　　好书不厌百回读　　　好书悟后三更月
益友何妨去复来　　　佳客来时一座倾　　　良友来时四座春

归来彭泽先生赋　　　师友肯临容膝地　　　此日梓楠同受范
清浊沧浪孺子歌　　　儿孙莫负等身书　　　他年桃李广培材

此堂弟子无庸手　　　多读书心中有本　　　灯火夜深书有味
斯校门风出异才　　　勤写作笔下生花　　　墨花晨湛字生光

合安利勉而为学　　　讲学是非须实事　　　讲学不存门户见
通天地人之谓才　　　读书愚智贵虚心　　　读书须识圣贤心

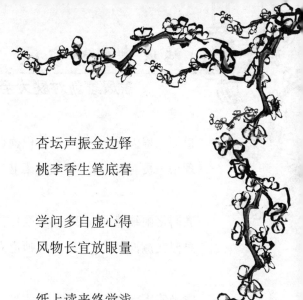

求贤急似渴思饮　　　言传身教良师意　　　杏坛声振金边铎
治学犹如蝶恋花　　　露哺甘滋慈母心　　　桃李香生笔底春

传注六经光往圣　　　事要研求皆学问　　　学问多自虚心得
主盟千载唯先生　　　言堪持赠即文章　　　风物长宜放眼量

青春有志须勤学　　　每逢善事心先喜　　　纸上读来终觉浅
白发无情要著书　　　得见奇书手自抄　　　心中悟出始知深

知识无涯须苦学　　　宝剑锋从磨砺出　　　学求正人心自淑
青春有限贵惜阴　　　梅花香自苦寒来　　　教化行风俗斯清

学浅方知能事少　　　学非一蹴所能及　　　学格人功思尚友
礼疏长觉慢人多　　　业必三年而后成　　　心常自律是严师

学问深时心态静　　　学海堂中旧名宿　　　学海无涯须放艇
精神到处笑谈平　　　天庭簿上老功臣　　　驹光过隙不留踪

学海无涯勤可渡　　　治国有才皆百炼　　　非关因果方为善
书山有极志能攀　　　著书无字不千秋　　　不计功名苦读书

炼成锋锷真关学　　　畏友惧难终日对　　　读书常戒自欺处
历尽艰难始算才　　　异书喜有故人藏　　　谨者不可有闲时

读不在三更四鼓　　　读圣贤书知天地　　　读书才恨知识浅
功只怕一曝十寒　　　览文史学论古今　　　观海方知天地宽

读书众壑归沧海　　　养成大拙方为巧　　　能勤德业唯良友
下笔微云起泰山　　　学到如愚才是贤　　　有益身心在读书

道衍二程无异学　　积德百年元气足　　埋头尚识为民意
理宗一贯有真传　　读书三代雅人多　　举目常新破卷心

教同化雨绵绵远　　教化行而风俗美　　黄卷催人朝起早
泉似文澜汩汩来　　师道立则善人多　　青灯伴我夜眠迟

清坐使人无俗气　　清兴闲翻廿四史　　清苦读书存远志
读书何计策新功　　静心常探十三经　　躬身实践出真知

著书岂在求名利　　宿雨暗滋书带草　　脚下行路千里远
提笔总为益世人　　春风先报墨池花　　腹中贮书万卷多

敢为天下大难事　　紫阳问学当千古　　静几明窗参太极
愿读人间未见书　　白鹿规模又一天　　孤灯夜雨读离骚

喜作催春花信雨　　勤旧学不懈夙夜　　文子深思事得其所
甘为伴读夜萤虫　　辟新知时有见闻　　武侯集益人极所能

天地菁华圣贤义蕴　　尺书可当十部从事　　为人师表诲而不倦
将相根底士女楷模　　名言便是五言长城　　与国育才教必有方

开卷一瞥教益非浅　　心存赤子顽石可镂　　文究词林学穷书府
破书万卷造诣必深　　志在育人朽木能雕　　手挥月窟足跻天根

四海蒙麻濡人霖雨　　业精于勤勤而能奋　　如乐之和乃称盛德
一生纳德坐我春风　　行思在学学则有成　　无书不览是为通儒

可以居高明远眺望　　用志不分俯拾即是　　礼义廉耻四维之国
是能说礼乐敦诗书　　开卷有得与古为新　　庠序学校三代遗规

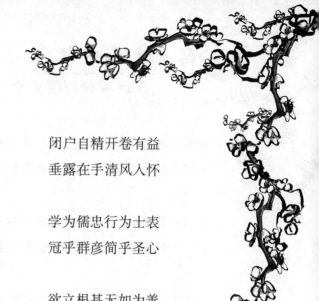

有志长精自臻纯诣　　行而不舍若骥千里　　闭户自精开卷有益
学知渐进岂恨前程　　纳无所穷如海百川　　垂露在手清风入怀

好问则裕自用则小　　学问无穷曾三颜四　　学为儒忠行为士表
功崇唯志业广唯勤　　光阴有限禹寸陶分　　冠乎群彦简乎圣心

诚意正心只四字学　　直度三古横抗八级　　欲立根基无如为善
读书静坐各半日功　　友取十室书拥百城　　能光门第只有读书

荀卿立言首重劝学　　诲人不倦师道宗旨　　振三五六经之羽翼
阳明阐道唯在良知　　不耻下问学士作风　　罗二十八宿于心胸

重道尊师人文蔚起　　祖述尧舜宪章文武　　读书作文我用我法
发蒙启智国运昌隆　　裁成礼乐参赞天人　　莳花种竹吾爱吾庐

读万卷书行万里路　　益智有珠比德于玉　　教案倾心古今中外
综一代典成一家言　　学古为镜平理若衡　　讲台滴露春夏秋冬

教学相长师生共勉　　博观万卷才识豪迈　　于镜知足于学知不足
德才兼备文武双全　　纪述百家文翰昌明　　其所有为其品有勿为

书搜万卷读书求实用　性道在文章深造自得　喜有两眼明多交益友
笔剩一枝下笔尚真情　廉平称治绩遗爱无穷　恨无十年暇快读奇书

薪尽火传菁莪造多士　桃李蔚新英公门培植　天下奇观看尽不如书本
日新月异文化启中邦　梗楠储旧器大匠准绳　世间滋味尝来无过菜根

开卷有益知识就是力量　与善人交如入芝兰之室　心远地偏攸然千仞之表
自强不息光阴贵似黄金　从良师学幸登桃李之门　格言古行卓尔百世之师

学如逆水行舟不进则退　　白鹿洞开泉谷烟霞竞秀　　文礼乐以成章薪传一脉
心似平原走马易放难收　　紫阳道在圣贤师友同归　　振纲常于勿替道统千年

文衡百代儒宗薪传勿替　　文德如天照著九天星斗　　学贵有恒切莫半途而废
振作千秋道服主宰有权　　帝恩似海变化四海鱼龙　　才须积累休忘一篑之功

书读无厌念我任重道远　　好好好阅尽世文方知妙　　读万卷书还须行万里路
笔耕不倦任他飞短流长　　勤勤勤待闻书韵不断声　　享百年寿何如作百世师

积金积玉不如积书教子　　诏有格言求真才于正学　　遵道而行学者必依规矩
宽地宽田莫若宽量容人　　教无异术休至理于德行　　诲人不倦焕乎自有文章

雅言诗雅言书雅言执礼　　樽中有味不为贤即为圣　　天下奇观看尽不如书卷好
丽乎天丽乎地丽乎人文　　灯下无事非读老亦读庄　　世间滋味尝来无过菜根香

古今来许多世家无非积德　　　　世上几百年旧家无非积德
天地间第一人品还是读书　　　　天下第一件好事还是读书

何物动人二月杏花八月桂　　　　言易招尤对朋友少说几句
有谁催我三更灯火五更鸡　　　　书能益智劝儿孙多读三行

远心潜志修齐治国平天下　　　　我辈来游不独问津兼问俗
东南尽美文物衣冠出杏坛　　　　诸生志学试言忧道不忧贫

治教有方满腹经纶融化雨　　　　学有先后须从洒扫应对起
育才得道漫山桃李笑春风　　　　功归简要不在文词记诵多

学问贵能疑疑乃可以言信　　　　览诸子百家胜似广交好友
读书在有渐渐可庶几有成　　　　读名家十卷何如坐对严师

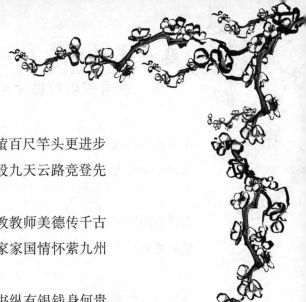

莫谓孤寒多是读书真种子
欲求学问须从伏案下功夫

挂角囊萤百尺竿头更进步
悬梁刺股九天云路竞登先

贵有恒何必三更眠五更起
最无益莫过一日曝十日寒

尊师重教教师美德传千古
报国荣家家国情怀萦九州

读古人书须处地设身一想
论天下事要揆情度理三思

富不读书纵有银钱身何贵
贫而好学虽无地位志弥高

统绪继横渠雅化渐于山海
导源承泗水英才擢自门墙

集诸儒析群疑传斯文正教
继往圣开来学为万世宗师

破浪乘风投笔唯殷宗悫慕
中流击楫着鞭只恐祖生光

豪杰挺生遂令名山萦旧梦
英才乐育犹看学子步青云

大本领人当日不见有奇异处
真学问者终身无所谓满足时

仁智本同源只此地汇参诸子
文章多异趣要其人领袖群英

台接囊萤似车武子方称学者
池临洗墨看范希文何等秀才

卫道尊经欲挽世风先存国粹
兴养立教既开民智兼正人心

智当如源泉培栽桃李终生暖
行亦作表率贻误子孙满目寒

教之以才导之以德足为师矣
学而不厌诲人不倦可作表焉

鹿洞衍心传集注千秋明大道
鸿泥留爪迹画图一幅志亲题

三千年道学真传唯有一心授受
五百里贤人会聚只因两字教研

言教身教因材施教教亦多术矣
择师相师育人由师师不足尊乎

同心同德又同堂此日杏坛如现在
变鲁变齐今变楚当年车辙不曾回

希贤希圣希天尚友诗书其揆则一
立言立功立德名山俎豆不朽者三

教小子如养芝兰此日栽培须务本
愿先生毋弃樗栎他年长大尽成才

入则孝出则悌守先生之道以待后学
诵其诗读其书友天下之士尚论古人

何必读尽圣贤书能全孝友便为实学
纵然周知天下事不识进退总是愚人

圣功由蒙养而基有志专精自纯造诣
学业以渐进为贵相期远大岂限前程

学业在专精入室升堂阶级须由层累
人才经培养穷源竟委中外尽得贯通

一堂聚四海名贤气节文章俱自身心着力
多士食百年旧德读书尚友须从伦理立根

已阅五百载劫尘树木树人幸此日克寻坠绪
虽非千万间广厦一弦一诵愿诸生无负名山

无狂放气无道学气无名士风流气方称儒者
有诵读声有纺织声有小儿啼哭声才算人家

入校如探山欲往最上层一游须得登峰造极
求学似观海能从至深处着想不难竟委穷源

远必自迩高必自卑为学在进行不为中道所阻
德成而上艺成而下读书皆有用要凭全力以求

理本精深看阶前双水合流寻到源头方悟彻
学无止境想宇后孤峰独秀登来顶极莫辞劳

人生穷达岂能知趁早须立此可为圣贤可对帝天之志
客告是非且莫管得闲要读我有益身心有关世道之书

第四辑

古今治家对联

一襟和气　　　　入孝出悌　　　　十云其吉　　　　门焕奎璧
万斛宽胸　　　　由义居仁　　　　奠厥攸居　　　　栋接云霞

三迁遗教　　　　子道如梓　　　　丸熊助苦　　　　山川纳禄
五世其昌　　　　父道若乔　　　　封鲊资廉　　　　凤凰来仪

文章华国　　　　文贞遗笏　　　　中庸之道　　　　玉昆金友
诗礼传家　　　　公雅传书　　　　礼乐人家　　　　骥子龙文

互相笃爱　　　　仁爱笃厚　　　　仁和处世　　　　书香门第
最见情亲　　　　积善有征　　　　勤俭持家　　　　勤俭人家

书先五福　　　　节以制度　　　　乐生于智　　　　礼为教本
祝晋三多　　　　俭与德工　　　　寿本乎仁　　　　道以德宏

共牢合卺　　　　兴家循道　　　　执事唯敬　　　　克贞素履
一体同心　　　　教子有方　　　　居处以恭　　　　绰有英风

君子树德　　　　君子无逸　　　　芝荣五色　　　　孝乃地义
贤孙传家　　　　民生在勤　　　　图献九如　　　　忠为天经

鸡鸣戒旦　　　　忠孝是宝　　　　肯堂肯构　　　　居盈念损
鲤对趋庭　　　　经史为田　　　　绍箕绍裘　　　　履贵思冲

抱素怀朴　　　　易言利物　　　　事亲为大　　　　诗赓式好
安性约身　　　　语云纪宣　　　　养志宜先　　　　雅咏孔怀

荆枝叶庆　　　　庭前有训　　　　家因人旺　　　　家存风矩
棣萼传辉　　　　座右留铭　　　　室以德馨　　　　教有义方

家风趋正　　　家齐国治　　　泷冈有表　　　种德收福
事业弥新　　　物换星移　　　孝思不匮　　　干国栋家

趋庭闻训　　　唯仁者寿　　　敬姜方织　　　敦诗执礼
绕膝承欢　　　得古人风　　　孟母频迁　　　含谟吐忠

善为寿相　　　虞书互典　　　慈乌送喜　　　履禄绥厚
德是福根　　　管子六亲　　　萱堂兴思　　　德义渊闳

勤俭兴业　　　遵行忠孝　　　一生勤是本　　　一经传旧德
忠厚待人　　　崇尚诗书　　　万代德为基　　　百世绍休闻

千秋名不朽　　　子孝千祥集　　　弓裘延世泽　　　开径望三益
百善孝为先　　　家和万事兴　　　诗礼继家风　　　教子唯一经

五云蟠吉地　　　云霞成五色　　　文明昌景运　　　文章非事业
三瑞映华门　　　彩焕映三台　　　安乐绕彤云　　　布素是家风

介性浑如石　　　太平居有后　　　仁厚遵家训　　　平生怀直道
灵台自有珠　　　安乐福无涯　　　忠良报国恩　　　大化播仁风

立德齐今古　　　世俗钱财贵　　　世德千秋远　　　兄弟敦和睦
藏书教子孙　　　家风翰墨香　　　家声三凤齐　　　朋友笃信诚

兴家传世德　　　华构贻谋远　　　有终身之忧　　　闭户无尘事
教子继遗风　　　德居裕后昆　　　无一朝之患　　　传家有旧书

而成教于国　　　忠孝传家宝　　　忠厚培元气　　　忠厚传家久
必先齐其家　　　勤劳创业经　　　诗书发古香　　　诗书继世长

忠厚寡私欲　　　　忠厚人长寿　　　　忠厚贤克己　　　　忠心贯家国
善良广爱人　　　　仁和世永年　　　　谦恭礼让人　　　　恕道希圣贤

妻贤夫祸少　　　　和善门风贵　　　　居家存义礼　　　　居身务质朴
子孝父心宽　　　　苦寒品格高　　　　教子有书章　　　　教子有义方

诗书传世远　　　　诗礼袭遗训　　　　贫穷思变化　　　　信道有三乐
勤俭治家昌　　　　门庭无杂宾　　　　富贵戒奢华　　　　传家止一经

恪遵长者训　　　　树德承鸿业　　　　家世留清白　　　　家贫生孝子
常得合家欢　　　　传经裕燕贻　　　　子孙戒奢华　　　　国难显忠臣

家严承孝道　　　　家严崇道德　　　　家训千条继　　　　承家多旧德
训古化儒风　　　　溺爱害儿孙　　　　德风万古传　　　　继世有嘉风

积德槐更茂　　　　游与邪分歧　　　　润身思孔学　　　　爱子先训子
锄经桂自芳　　　　居以正为邻　　　　德化仰尧天　　　　起家应保家

畏人成小筑　　　　俯仰终宇宙　　　　积照涵德镜　　　　淡泊真吾友
养拙就闲居　　　　怀抱观古今　　　　素怀奇清琴　　　　幽偏得自怡

唯勤能补拙　　　　惕乾在朝夕　　　　富贵子孝少　　　　富不传三代
尚俭可成廉　　　　怀抱观古今　　　　贫穷母爱多　　　　穷当搏一生

棠棣开双萼　　　　虚白道所集　　　　清风依日月　　　　深情托豪志
琴书萃一堂　　　　精专神自归　　　　逸思绕风云　　　　逸兴横素襟

慊心皆乐事　　　　肇起文明运　　　　勤是传家宝　　　　勤是摇钱树
容膝即安居　　　　宏开富有基　　　　严为教子方　　　　俭为聚宝盆

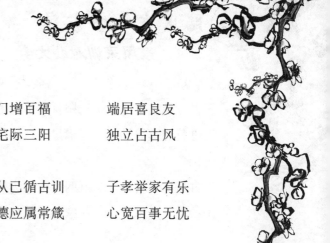

勤俭兴家策　　　　雅量涵高远　　　　德门增百福　　　　端居喜良友
正直教子方　　　　清言见古今　　　　仁宅际三阳　　　　独立占古风

入则孝出则悌　　　三礼人恭之宝　　　三从已循古训　　　子孝举家有乐
食不语寝不言　　　两言家训之宗　　　四德应属常箴　　　心宽百事无忧

子孙贤族将大　　　万事唯求和气　　　无遗行于乡里　　　玉不琢难成器
兄弟睦家之肥　　　一家共沐春风　　　有令德在子孙　　　人失教不为才

礼之用和为贵　　　守仁义之区域　　　居身务期俭朴　　　里有仁风春意
德不孤必有邻　　　结道德为规箴　　　教子要有义方　　　家余德泽福音

供奉祖德遗训　　　积德虽无人见　　　教泽训规继世　　　道德根于孝悌
继承家教良规　　　行善自有天知　　　书风德范传家　　　清自惠及子孙

得慈祥而示化　　　雅言诗书执礼　　　勤俭持家要法　　　一心不为风尘蔽
孰惠爱以为心　　　益友直谅多闻　　　谦和处世良谋　　　半榻常如天地宽

一门天赐平安福　　一门和气春来养　　一世功名传教泽　　一身担荷空青史
四海人同富贵春　　四面芳邻德不孤　　举家德业旺儿孙　　薄海讴歌尚黑头

一家和气如春酿　　一勤天下无难事　　一谦而数益具矣　　人无傲骨终成贱
小筑幽栖与拙宜　　百忍堂中养太和　　三让而至德昭焉　　家有奇书未必穷

人生淡泊精神爽　　人生岂可多如意　　人能辅世无如德　　人到万难须放胆
世事从容日月长　　万事只求半称心　　学可传家止有经　　事当两可要平心

人情常要分好歹　　人德先恭而后让　　人有孝心天顺应　　入世须才更须节
世事更须辨忠奸　　天道亏盈而益谦　　家无邪气日安宁　　传家积德还积书

三世青毡宜耐冷　　三阳日照平安宅　　千古丝纶分国事　　千祥云集家声远
五更黄卷莫辞勤　　五福星临吉庆门　　百年忠孝是家风　　百福日增世路长

万古高风追管鲍　　万两黄金何为贵　　子孙好守儒门学　　子孙忠孝循家训
千秋义气羡陈雷　　一家和气值钱多　　乡梓犹称善士家　　社会文明倡德风

子孙绕膝天伦乐　　之乎者也初开课　　子读诗书思获画　　门对青山龙虎地
德业遂心盛世春　　仁义道德始入门　　人观礼法拜萱堂　　户环绿水凤凰池

门有良规凭德范　　门抱仁和祥瑞气　　大衍同臻调大吕　　大德门庭新气象
子无恶习赖嘉风　　家传诗礼逸清风　　嘉祥总集纪嘉年　　小康岁月福春秋

心头有德前程远　　心地光明宜福寿　　天地间勤劳最贵　　天地间诗书最贵
眼底无私后路宽　　家庭和睦自康宁　　家庭里教爱为先　　家庭里和睦为先

天地万情和至贵　　天禄夜深临太乙　　天花含彩春无极　　分应独善心兼喜
古今百善孝为先　　文昌星朗映长庚　　珠雨泽川善有心　　家守清贫书不贪

四世华筵增福寿　　四时和气春常在　　不求金玉千重贵　　父母为先立好样
三迁慈训大文章　　万里笙歌庆有余　　但愿子孙万代贤　　儿孙随后当自强

友善真诚扬正气　　世上岂无千里马　　世间唯有读书好　　世事每从宽处乐
和谐勤俭树嘉风　　人中难得九方皋　　天下无如行路难　　人伦常在忍中全

世代传德明古训　　世泽绵长黄帝系　　礼义传家承孝道　　历劫方显钢骨硬
山川毓秀育贤人　　家风敦厚共叔支　　诗书继世倡嘉风　　经霜更知秋水明

布衣得暖皆为福　　平日所思长在抱　　古人所重在大节　　乍雨乍晴花易老
草室能安即是春　　青风自起初无私　　君子于学无常师　　耐霜耐寒松长青

86

乐在黎民欢乐后　　光前振起家声远　　向阳门第春常在　　朴素简单新第宅
忧于邦国患忧前　　裕后留贻世泽长　　积善人家庆有余　　勤劳厚德好人家

岂无志者能成事　　至乐无声唯孝弟　　成由勤俭败由奢　　成家莫谓当家易
唯有福人肯读书　　大羹有味是诗书　　历览前贤国与家　　养子应知教子难

成事成名成伟业　　守本分而安岁月　　百年礼乐延余庆　　自古雄才多磨难
立人立德立家风　　凭天理以度春秋　　万里风云入壮怀　　从来纨绔少伟男

动念即应思改过　　兴业好似针挑土　　创业维艰崇节俭　　创业艰辛须节俭
得闲何不再读书　　败家犹如浪决堤　　守成不易戒奢华　　求知深广要谦虚

交情深重金相似　　困苦乃成佳子弟　　快乐亦从辛苦得　　有无不争家之乐
诗韵铿锵玉不如　　贫穷多得好儿孙　　便宜多自吃亏来　　上下相亲国乃康

有关世道书常读　　传家万事皆宜俭　　传家有道唯存厚　　传家至宝皆推俭
难与人言事莫为　　教子千方不外勤　　处世无奇但率真　　创业有方功在勤

范世有为兼有守　　治家弗可无近虑　　忍而和齐家善策　　实事渐消虚事在
宅心先实不先名　　处世须当有远谋　　勤与俭创业良图　　长年方悟少年狂

里有仁风春意永　　和为天下不二德　　和为天下千秋德　　和为贵千门吉庆
家余德泽福源长　　孝是人间第一情　　孝乃人间万古情　　德有邻百世康平

忠孝仁和承祖训　　忠厚传家诚作本　　居家和气春常在　　孝敬忠信为吉德
诗书礼乐树家风　　仁和处世信为先　　处世谦恭福自多　　诗书义礼皆雅言

春浓松柏当庭秀　　春到堂前增福气　　胜地绍芳千枝茂　　美德传家家焕彩
日暖芝兰入室香　　日临庭上起祥光　　前人哲训百世传　　好人圆梦梦开花

美德四邻金世宝　　　室如明镜心如水　　　荣华富贵盈门喜
冰心一片玉壶春　　　花有清香月有阴　　　福寿康宁满户春

庭有仁风人有德　　　种树喜培佳子弟　　　种德裘箕唯孝友
家传孝道业传勤　　　拥书权拜小诸侯　　　传家彝鼎在诗书

积善之门承古训　　　家有藏书真富贵　　　家风家训家收福
克勤之业继家风　　　人无俗气自清高　　　国学国魂国永春

家藏万贯休放纵　　　宽以待人和邻里　　　思其艰以图其易
书溢千香可耐贫　　　严于律己振家风　　　言有物而行有恒

持其志无暴其气　　　读书识礼家风好　　　读能明达耕能富
敏于事而慎于言　　　知耻明荣胸臆宽　　　成自谦虚败自骄

治家用老子三宝　　　莫猎青蚨迷正路　　　莫待明年花更好
从政秉周官六廉　　　应追黄鹄贯长虹　　　当惜今日春尚浓

荆树有花兄弟乐　　　举家肃穆天伦乐　　　能勤德业为良友
书田无税子孙耕　　　同室龃龉外侮乘　　　有益身心在好书

能使一家长静穆　　　浮生讵免无心过　　　堂开锦绣丰金玉
不唯四季养清和　　　家学唯传有用书　　　人富春秋乐子孙

唯信唯诚行世事　　　清门宾胄诗书泽　　　修齐并重承先志
克勤克俭振家风　　　嘉日投壶忠孝家　　　堂构兼肯启后人

修德不矜官位重　　　重振门庭新气象　　　栋拂云霞生紫气
克家唯在子孙贤　　　长传清白旧家风　　　家传诗礼足春秋

中华好家风

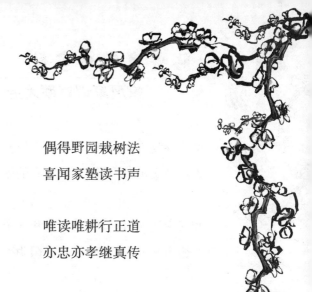

承家事业辉堂构　　常将有日思无日　　偶得野园栽树法
经世文章裕栋梁　　莫到无时想有时　　喜闻家塾读书声

理家未可厌凌杂　　粗茶淡饭有真味　　唯读唯耕行正道
应世唯当守直诚　　净几明窗是安居　　亦忠亦孝继真传

唯信唯诚行世事　　绵世泽莫如行善　　黄金非宝书为宝
克勤克俭倡家风　　振家声还是读书　　万事皆空善不空

教子一经缃帙重　　教子课孙为我分　　教子教孙须教义
传家百忍画图宽　　读书为善是人家　　积德积善胜积钱

堂构鼎新添福气　　富非物累抛开过　　聪听祖考之彝训
箕裘晋步振家声　　贵是人缘舍得来　　先知稼穑之艰难

紫气迎祥双阙晓　　紫微高接三台瑞　　瑶阶兰桂春秋茂
彤云献瑞五门春　　宝砌祥辉五色云　　玉砌椿萱雨露香

福慧双修须及物　　雍容合度百为礼　　勤俭承先人懿范
身名俱泰要留馀　　姑息存心不是恩　　耕读立后辈良图

勤能补拙才偏敏　　敬天地与人为善　　德勤孝义传家宝
廉不沾名品益高　　尚勤俭教子读书　　和善信诚处世风

入门上堂居乐无咎　　大哉居平移风移气　　与德为邻美哉轮奂
履阶升堸与福俱行　　慎其独也润屋润身　　历世无患居之宠光

文德渊府美轮美奂　　文气相辅齐家学问　　父慈子孝兄仁弟悌
景星照门居彩居光　　洁清自守造福乡邻　　上和下睦夫唱妇随

节错根盘方知器利
春华秋实不负人勤

无何妥不忧无博士
有伯乐然后有名驹

交友择人处世循礼
居家思俭守职宜勤

和气中适四时不忒
与德为邻万岁长安

和气中适君常获福
阳明得所居大永安

居比邻里遨游仁宇
麟凤室堂松柏栋梁

百事清平无非令德
一家和睦即是大年

克俭克勤肯堂肯构
毋荒毋怠宜室宜家

雨泽过频耕稼之害
情爱太溺子孙之灾

忠厚培心和平养性
诗书启后勤俭持家

要大门间积德累善
是好子弟耕地读书

否去泰来有余地步
时逢甘雨无限天机

君子所集大福所处
仁智之居六艺之门

抱朴守贞君子在室
居仁邻德嘉宾上堂

诗书之泽可以浴后
道德既高因而显亲

祖考贻谋唯勤兴俭
天伦乐事既翕且耽

祖述家业先以敬让
覃思旧训稽之中和

品节详明德性坚定
事理通达心气和平

得山水清其人多寿
饶诗书气有子必贤

贻德铭功长存瑞气
修仁流惠永继家风

民生在勤勤则不匮
善虑以动动维厥时

事有万难必须放胆
理无两可总要平心

事不始终毋务多业
任有大小唯其所能

家有常业虽饥不饿
心无偏见既和且平

诌语尤甘忠言最苦
下坡容易登极甚难

敬以待人恕以接物
勤能补拙俭能养廉

敬胜怠吉怠胜敬灭
俭入奢易奢入俭难

摇钱树出自勤劳者
聚宝盆归于节俭家

德树心田家常种福
香浮学圃人尽锄经

德训传家皆大欢喜
荣登寿考长宜子孙

道德神仙增荣益誉　　于境知足于学知不足　　处事戒多言言多必失
福禄欢喜长乐永康　　其气有为其品有勿为　　居家绝争讼讼则终凶

心术不可得罪于天地　　多长者交游门无俗客　　摒浮华崇笃行守古训
言行要留好样与子孙　　请名贤儒圣家有藏书　　广积善多读书利后人

德为至宝一生用不尽　　勤劳节俭乃治家上策　　一粥一饭当细思其来处
心作良田百世耕有余　　礼貌谦和为处世良规　　半耕半读又何虑乎败家

子孙治愚书文岂能不读　　丹桂有根独长诗书门第　　志欲光前唯是读书教子
邻里非远处事不可不诚　　黄金无种偏生勤俭人家　　心存裕后莫如勤俭持家

创业维艰前辈备尝辛苦　　读书好耕田好学好便好　　慈祥严谨乃教儿孙之法
守成不易儿孙切戒奢华　　成家难守业难知难不难　　公正贤明是做家长之规

富裕骄奢乐极须防忧至　　怀诗书存仁义传家至宝
贫穷固守苦尽必有甘来　　节饮食慎起居却病良方

家国同源家齐而后国治　　三千年读史不外功名利禄
忠孝一理忠臣即是孝亲　　九万里悟道终归诗酒田园

丈夫当死中图生祸中求福　　继祖宗一脉真传克勤克俭
古人有困而修德穷而著书　　教子孙两行正路唯读唯耕

奢侈犹如水推沙荡金为土　　富贵无常尔小子勿忘贫贱
节俭好比燕衔泥积宝成山　　圣贤可学我清门但读诗书

山地种菜水乡捕鱼无穷生计　　仁者不忧智者不惑勇者不惧
本色清言寻常茶饭此处人家　　视其所以观其所由察其所安

要好儿孙须方寸中放宽一步
欲成家业宜凡事上吃亏三分

至乐莫过读书至要莫如教子
寡智乃能习静寡营乃可养生

善雨润门庭春蕴祖根生荫绿
仁风扬梓里源从家训沁书香

能识大体能明是非方为正道
会据真理会舍名利堪谓可人

敞此大肚皮饱者应怜饥者苦
看斯真面目富时休笑困时人

惜食乎惜衣乎非为惜财当惜福
求名也求利也但须求已莫求人

鹤作子梅作妻哪里容沾些俗气
礼为门义为路也不枉做个人家

读书即为成名究竟人品高而雅
修德不期获报自然梦稳心也安

要子弟辈学做好人由我先立榜样
于乡邻里得友善士遇事方可便宜

高大门闾鸟革翚飞形势巍巍悬斗宿
绵延世泽凤毛麟趾子孙奕奕振簪缨

六典衡裁奓文曲五星光采三台临北斗
九畴福寿如汉石七曜嵯峨一带镇南州

少饮却愁少思却梦种花却俗焚香却秽容人却侮谨身却病
静坐补劳静宿补虚节用补贫为善补过寡言补烦息念补神

士勤于读农勤于耕工勤于艺商贾勤于执业一事可资生族少游闲便是兴隆气象
祖教其孙父教其儿兄教其弟伯叔教其犹子百年思式谷堂瞻名义勉为孝友人家

第五辑

古今处世对联

人应厚道　　　　人生苦短　　　　上德至德
路要宽行　　　　德业绵长　　　　无为有为

无信不立　　　　见利思义　　　　见利恭让
有日方明　　　　安土敦仁　　　　闻义争为

见难从善　　　　天降大任　　　　与时俯仰
疾恶如仇　　　　世有令名　　　　随世浮沉

当仁不让　　　　吃亏是福　　　　有为有守
见义勇为　　　　和气致祥　　　　毋怠毋荒

任重道远　　　　任贤勿贰　　　　权衡利弊
居安思危　　　　去邪不疑　　　　明辨是非

防微杜渐　　　　识时进退　　　　助人最乐
弃暗投明　　　　度势安危　　　　舍己为公

尚友千古　　　　舍中有得　　　　舍其利害
坐拥百城　　　　放下无忧　　　　难得糊涂

居仁由义　　　　居宜择地　　　　知足常乐
履中蹈和　　　　行必依贤　　　　能忍自安

知恩图报　　　　贫穷思变　　　　贫穷不吝
见义勇为　　　　富贵戒华　　　　富贵存仁

高标做事　　　　笃行来往　　　　浮云富贵
低调为人　　　　明辨是非　　　　粪土王侯

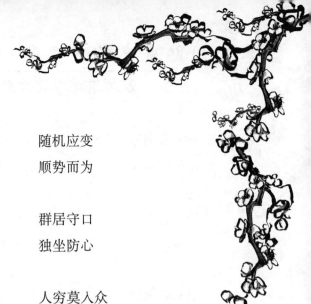

虚衷御物　　　道远知骥　　　随机应变
直道事人　　　世伪察贤　　　顺势而为

悬鱼却馈　　　境由心造　　　群居守口
饮马投钱　　　事在人为　　　独坐防心

人无信不立　　人穷莫坠志　　人穷莫入众
天有日方明　　虎死不落威　　言轻勿劝人

人岂能貌相　　人心无称处　　人情知冷暖
海不可斗量　　国手有输时　　世态笑炎凉

入世须有节　　三思方举步　　三思终有益
凌云尚虚心　　百折不回头　　百忍自无忧

万恶懒为首　　不为求言立　　不矜威益重
百善孝为先　　还因惊众鸣　　无私功自高

不受苦中苦　　无言先立意　　无德偏哗众
难为人上人　　未啸已生风　　有才不轻人

己过勿惮改　　丈夫志四海　　见贤若不及
未然必先思　　君子惜寸阴　　从谏如顺流

为公德乃大　　水到渠成事　　升高必自下
无私心自安　　心安理得人　　谨始慎其中

以文常会友　　世情常反复　　白日莫闲过
唯德自成邻　　人事感蹉跎　　青春不再来

处世和而厚　　　　处事无机事　　　　志士惜日短
生平直且勤　　　　随缘结善缘　　　　愁人嫌夜长

有容德乃大　　　　安求一日誉　　　　达人知止足
无欲品自高　　　　当期千载和　　　　志士多苦心

名节重泰岱　　　　名利淡如水　　　　功高成怨府
利欲轻鸿毛　　　　事业重于山　　　　权盛是危机

改过如芟草　　　　言为利善本　　　　忧乐关天下
育才似栽花　　　　口是祸福门　　　　安危系一身

朋友千人少　　　　李下不整帽　　　　串门勿久坐
冤家一个多　　　　瓜田勿提鞋　　　　闲话宜少言

忍一时之气　　　　尚流云远致　　　　和风君子德
免百日之忧　　　　须奋翮高飞　　　　细雨课儿心

结交风云客　　　　看破不言破　　　　爱出者爱返
亲近肝胆人　　　　知难莫畏难　　　　福往者福来

终身事一夕　　　　绝苟且之友　　　　话不宜说满
每事须三思　　　　怀检点之心　　　　事应该想开

话不说不透　　　　话是开心锁　　　　家世留清白
理非辩非明　　　　德为济世方　　　　子孙戒奢华

病贫知朋友　　　　修业勤为贵　　　　读书能见道
离乱识爱情　　　　行文意必高　　　　处世不求名

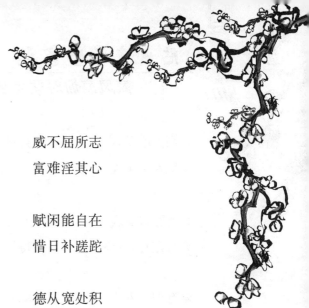

读书必提要　　　事可对人语　　　威不屈所志
处事在通情　　　心常如水平　　　富难淫其心

善积家方庆　　　乾坤容我静　　　赋闲能自在
心闲体自舒　　　名利任人忙　　　惜日补蹉跎

路遥知马力　　　福兮祸所伏　　　德从宽处积
日久见人心　　　祸兮福所倚　　　福向俭中求

德高春水静　　　钱财如粪土　　　谦心皆乐事
义重泰山轻　　　仁义值千金　　　容膝即安居

勤耕心上地　　　勤俭黄金本　　　慷慨谈世事
谨驶脚底船　　　诗书丹桂根　　　卓荦览群书

人因知己相契　　　人岂虚生此世　　　人算不如天算
水以在山为清　　　事无不合于时　　　有为尚在无为

万事唯求和气　　　万两黄金易得　　　不为无益之事
一家共乐春风　　　一个知己难寻　　　以遣有涯之生

立定脚跟做事　　　无私人终不悔　　　开诚心布公道
放开眼孔看人　　　有志者事竟成　　　集众思广益群

今世虚来竹节　　　少时饱经磨砺　　　白发戴花休笑
几生修到梅花　　　老来不畏风霜　　　雏鹰展翅莫惊

甩开膀子干事　　　行藏安于所济　　　有理自然胆大
夹起尾巴做人　　　常愧为人所容　　　无私何妨心雄

好利人心受累
多疑者事难成

处世当克己短
交友应学人长

观寝兴于早晚
识家世之隆衰

良药苦口益病
忠言逆耳利行

放怀于天地外
得气在水云间

独木难撑广厦
妙手可夺天工

常耻躬之不逮
欲寡过而未能

敞开肚皮吃饭
立定脚跟做人

静坐自然有得
虚怀初若无能

作事须凭肝胆
为人莫负良心

言必言行必果
色思温貌思恭

性定会心自远
身闲乐事偏多

轻诺者信必寡
面誉人背而非

欲有节行有度
想所闻做所知

造物所忌者巧
与人相见以诚

应信热汗有意
莫怨凉风无情

凭怒徒足损己
文过岂能欺人

活到老学到老
吃得开想得开

临事有长有短
与人不激不随

读书有礼明义
饮酒多事生非

择友须求三益
克己宜守四贞

胆越大心越小
智愈圆行愈方
骄傲来自浅薄
狂妄出于无知

责人之心责己
恕己之心恕人
俯仰无愧天地
褒贬自有春秋

岂能尽如人意
但求无愧我心
得意浓时便罢
知恩深处莫忘

卧下野莫尤怨
居高位不骄矜

柳絮体媚无骨
梅花影瘦有神

海阔天高雅量
先忧后乐清心

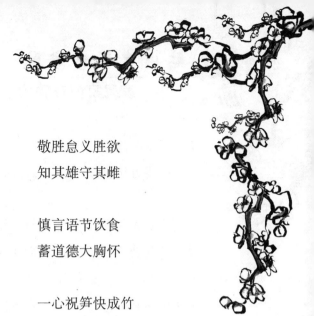

燕雀应思壮志　　　铁石梅花气概　　　敬胜怠义胜欲
梅兰珍重年华　　　山川香草风流　　　知其雄守其雌

终生为善不足　　　滴水恩涌泉报　　　慎言语节饮食
一日作恶有余　　　先人德孝子传　　　蓄道德大胸怀

一世清名肝胆照　　　一人知己已足矣　　　一心祝笋快成竹
举家厚德子孙传　　　毕生自修无尽期　　　几日怜槐已着花

一失足成千古恨　　　人心若路直行好　　　人各有能我何与
再回首是百年身　　　世事如棋宽着高　　　身所未得心难安

人生岂有多如意　　　人见利而不见害　　　人心不足蛇吞象
万事只求半称心　　　鱼见食而不见钩　　　世事难防螳捕蝉

人情阅尽浮云厚　　　人生唯有廉节重　　　人间岁月闲难得
世事经过蜀道平　　　世界须凭骨气撑　　　天下知交老更亲

人间聚散寻常事　　　人怜巧语情虽重　　　人到万难须放胆
海峤阴晴顷刻分　　　鸟忆高飞意不同　　　事当两可要平心

人遇误解休怨恨　　　人情似纸张张薄　　　人情由良心做出
事逢得意莫轻狂　　　世事如棋局局新　　　世味须亲口尝来

九思尤贵事言谨　　　几番磨炼方成器　　　才不及人凡事让
一介深知取与难　　　十载耕耘自见功　　　学能知命此心安

才如天马行空惯　　　才高自觉风云阔　　　凡事常从忙里错
笔似燕尾点水轻　　　情重反疑华岳轻　　　好人多自苦中来

大意下输一盘奕
小心驶得万年船

与世无争常处世
做人有德乐为人

与世不言人所短
临言期集古之长

与有肝胆人共事
从无字句处读书

与万卷图书为友
挺几根傲骨做人

万古在怀日有得
一生知足天与游

万事必求其所以
居心不可有然而

万事尽从忙里错
一心须向静中安

山林习静闻仙梵
风雨论文想故知

门槛再高能迈过
心肠太好有谁知

马临悬崖收缰晚
船到江心补漏迟

习勤不止能祛欲
闻过则喜真得师

五味酸甜咸辣苦
一生忠善智仁勤

无言者此天理显
有道之其世日长

无药可延卿相寿
有钱难买子孙贤

无瑕人品清于玉
不俗文章淡似仙

无瑕人品清如玉
有德净言贵似金

无稽之谈必不信
妄佞之友定非亲

无事在怀为极乐
有长可取不虚生

不见古人真恨晚
力争时事莫辞难

不为物累斯称哲
只体人情便是仁

不因困顿移初志
岂为黉缘改寸丹

不求人处人情厚
真得意时意气平

不作风波于世上
自有冰炭在胸中

不信酒为消忧物
只知诗乃提神丹

不如意事常八九
可与人言无二三

不自满人方有济
太孤高者孰相亲

不随俗物皆成土
只待良机却补天

不悲镜里容颜瘦
且喜心头疆域宽

天上若无难走路
世间哪有不成仙

100

天道酬勤为至理　　　天道酬勤勤作本　　　天外云烟时聚散
仁和益寿是真言　　　人心向善善为魂　　　世间人物任浮沉

天经地义无今古　　　为人当于世有益　　　为人不做愧心事
智水仁山有性情　　　凡事求其心所安　　　遇事要当淡定人

为人有德天长佑　　　为有才华翻蕴藉　　　太顺利时须谨慎
行善无求福自来　　　每从朴实见风流　　　遇困难处要坚持

心田种德心宁静　　　心收静里寻真乐　　　心未曾求过分事
福地养仁福自来　　　眼放长空得大观　　　身常少有不安时

心无俗虑精神爽　　　友如作画须求淡　　　日中有客为知己
室有清淡智慧开　　　文似看山不喜平　　　天下谁人不识君

日食三餐须三省　　　反观自己难全是　　　月无贫富家家有
身经一事求一得　　　细论人家未尽非　　　燕不炎凉岁岁来

水能性淡为吾友　　　水既载舟亦覆舟　　　文成蕉叶书犹绿
竹解心虚是我师　　　钱能利我复害我　　　吟到梅花字亦香

风云变幻饶年少　　　风定始知蝉在树　　　风流甘落他人后
光景蹉跎属老夫　　　灯残方见月临窗　　　智勇遥凌壮士前

勿施小惠伤大体　　　丹砂粉碎丹尤在　　　书有未曾经我读
毋以公道逐私情　　　金质炼溶金愈纯　　　事无不可对人言

书到用时方恨少　　　书为至宝一生用　　　书到心融真有味
事非经过不知难　　　心作良田万世耕　　　事非身历且休言

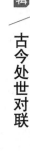

第五辑　古今处世对联

101

开怀一笑人间事　　从来好事天生险　　历劫方知钢骨硬
闭口不论世上人　　自古瓜儿苦后甜　　经霜更觉秋水明

石中琢玉真君子　　正邪自古同冰炭　　平时不说无情话
笑里藏刀渺小人　　毁誉于今见伪真　　当日常观有用书

未出土时先有节　　世上本无常照月　　世事洞明皆学问
及凌云处尚虚心　　天边还有再来春　　人情练达即文章

世事洞明莫玩世　　世事如流休问我　　世道每逢谦处好
人情练达应助人　　心田若海可容人　　人情常在忍中全

世本无先觉之验　　世间唯有读书好　　长令子孙亲有德
人贵有自知之明　　天下无如行路难　　自耽诗酒乐生平

兄弟睦其中自乐　　可叹雄心醉中老　　古人已往留明鉴
子孙贤此外何求　　莫使年华梦里衰　　逝者如斯惜少年

立地顶天真汉子　　立品直须同白璧　　立定脚跟竖起脊
出生入死大英雄　　读书何止到青云　　展开眼界放平心

立身须作真男子　　立身苦被浮名累　　功业须当垂永久
善处方名大丈夫　　涉世无如本色难　　行藏争不要分明

功当山尽水穷处　　功名盖世不矜伐　　用心计较般般错
利在心诚意笃时　　道德积身唯敬诚　　退步思量事事难

失败本是成功母　　自古横行非俊杰　　自身卓尔青松挺
勤劳方为幸福根　　从来忍让是英雄　　立志坚然白璧姿

自思立足当何地　　自喜轩窗无俗韵　　岂因果报方行善
人事揆心莫听天　　亦知草木有真香　　不为功名始读书

多福集于大度者　　百无禁忌终害己　　百年休问何时好
成功率在小心人　　不亦乐乎好为人　　万事只从明日看

行不得失求诸己　　行事莫将天理错　　行高则忧毁于众
躬自厚薄责于人　　立身当与古人争　　木秀则惧摧于飙

过眼寸阴求日益　　守正行权真事业　　名美尚欣闻过友
关心百姓祝年丰　　平矜节欲大功夫　　业高不废等身书

名扬似奕无同局　　名利不争无烦恼　　名利皆为身外物
吏道为诗有别裁　　年龄尽忘享天伦　　健康才是福中财

乐观世事心胸阔　　乐观心态养生宝　　处世何妨真面目
合理饮食体魄安　　不羡钱财长寿方　　待人总要大肚皮

处世心宽能纳海　　处世待人诚为本　　处事当求真善美
作诗情旷自摩天　　持家立业俭当先　　为人莫作假大空

处事不外才识学　　宅心仁爱勿荒逸　　交情深重金相似
博物能通天地人　　处事公平明是非　　诗韵铿锵玉不如

好事尽从难处得　　守我性天守我分　　他人失足已应慎
少年无向易中轻　　任人势利任人谋　　敝我前途力戒骄

存心不作烟霞侣　　因风去往怜黄蝶　　当慎世事与自事
立品偏交松石朋　　与世浮沉效白鸥　　莫把人间比梦间

至乐事无如为善
有福人方肯读书

观大海者难为水
悟自心时不见山

运当盛时须儆省
境逢逆处要从容

过如荒草芟难尽
学似春潮涨渐高

过如春韭芟难尽
志在高山磨不平

冷眼不随千态热
素怀拟并两峰高

忍一言风平浪静
退半步海阔天空

退一步天高地阔
让三分柳暗花明

动念即应思改过
得闲何不再读书

多读书知礼明义
少饮酒有是无非

任事者必无实学
慎言人每有奇文

争端悉泯多因让
和气流行自致祥

忍而和齐家善策
勤与俭创业良图

忍让并非言弱我
宽宏确是喻高人

利名罔计真奇士
宠辱不惊是达人

赤诚招得飞鸿落
美意激来玉石开

妒我安知非弱士
欺人绝不是英雄

每临大事有静气
不信今时无古贤

何须田宅新编甲
但愿儿孙惯识丁

两三竿竹见君子
十万卷书学古人

穷居闹市无人问
富在深山有远亲

纵被春风吹作雪
要将顽铁锻成钢

来而不往非礼也
抓而不紧白忙乎

知人其难九德贵
闻过则喜百世师

知足是人生一乐
无为得天地自然

知多世事心神定
阅尽人情眼界宽

和平因事犹能介
姑息存心不是恩

所到总能增阅历
无求何处不神仙

所贵立身无苟且
岂容应世太分明

炎凉看透心常逸
淡泊能安趣自佳

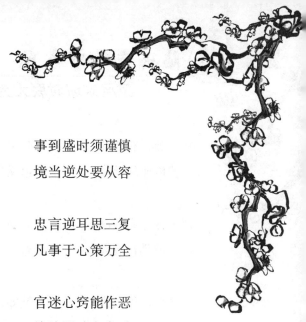

事能知足心常惬　　　事到从容能合度　　　事到盛时须谨慎
人到无求品自高　　　路当逼侧敢依人　　　境当逆处要从容

事如太顺非常事　　　事不三思终有败　　　忠言逆耳思三复
人若虚情假义人　　　人能百忍则无忧　　　凡事于心策万全

肯赠良言强赠玉　　　学于古训乃有获　　　官迷心窍能作恶
暗积阴德胜积金　　　乐夫天命复奚疑　　　钱遮眼睛会发昏

经多世事思方壮　　　思其艰以图其易　　　持其志毋暴其气
看破浮名意自平　　　言有物而行有恒　　　敏于事而慎于言

养生清淡精神健　　　养成大拙方为巧　　　练达人情真学问
处事从容日月长　　　学到如愚才是纯　　　洞明世事老经纶

莫对青山谈世事　　　莫言前路无知己　　　莫道浮云终蔽日
休将文字占时名　　　但恐此心难对天　　　应信绿叶乐扶花

莫让狂花迷眼界　　　根深不怕风摇动　　　能受苦方为志士
须求真理定心王　　　干正何惧月影斜　　　肯吃亏不是痴人

能受天磨真铁汉　　　能勤德业为良友　　　读书有味千回少
不遭人嫉是庸才　　　有益身心是好书　　　对客无情一句多

读书常戒自欺处　　　阅尽人情知纸厚　　　随遇而安大智慧
处世岂能失慎时　　　踏穿世路觉山平　　　知足常乐小神仙

酒中不语真君子　　　酒常知节狂言少　　　酒逢知己千杯少
财上分明大丈夫　　　心不能清乱梦多　　　话不投机半句多

第五辑　古今处世对联

特立独行有如此
进德修业须及时

险夷不变应尝胆
道义争担敢息肩

修德不矜官位重
克家唯在子孙贤

课子课孙先课己
成仙成佛且成人

崇尚读书承祖志
善于处世在人和

得意客来情不厌
知心人到话投缘

欲除烦恼须成佛
各有来因莫羡人

欲知世味须尝胆
不识人情且看花

眼里有尘天下窄
胸中无事一床宽

笔从曲处还求直
意到圆时更觉方

情干牵挂点滴事
爱具包容过失心

菜根滋味清而美
潭水交情淡亦深

情超忧乐千杯少
心有阴晴万象殊

真爱待人为大爱
好心处世守初心

喻义自无非理事
爱名常葆不贪心

谦到十分防有诈
让人一步不为愚

愧无文字当革命
喜有儿孙要读书

博学之才多自信
慎思之事少彷徨

盛世激扬君子气
贤乡蔚起好人风

虚己只知求我益
坦怀不厌受人欺

博藏书画清香满
独爱芝兰志趣高

教同化雨绵绵远
泉似文澜汩汩来

遇事虚怀观一是
与人和气察群言

缄口不语是非事
冷眼静观名利人

偷闲颇异凡夫法
收帆好趁顺风时

敢将白眼观天下
未可轻心论古人

勤俭承先人懿范
耕读立后辈良图

锦上添花非实意
雪中送炭是真情

谨其常而权自足
深于情者才始真

端谨持恭崇德望
和平处世免愆尤

静坐常思自己过　　　除尽俗欲终世乐　　　胸阔千秋如粟粒
闲谈莫论他人非　　　洗尽繁华满身轻　　　心轻万事似鸿毛

嘴上要说心里话　　　攀权附贵虚荣客　　　鹦鹉前边休多语
面前恰是梦中人　　　欺世盗名卑鄙人　　　小人身畔须慎行

鹰隼入云睐所向　　　一物不知儒者之耻　　　十年种树君子有后
骅骝得路慎于平　　　片长自足壮夫不为　　　一朝复礼天下归仁

人生得一知己足矣　　　天下断无易处境遇　　　口莫多言情莫多妄
斯世当以同怀视之　　　人间哪有空闲光阴　　　名可强立功可强成

心平气和千佳骈集　　　心神欲静骨气欲动　　　无十分冤勿与人讼
意粗性躁一事无成　　　脚跟宜定胸怀宜开　　　有一日闲且勤尔耕

无边事业心如玉洁　　　止有古人同其忧乐　　　古训是式威仪是力
有限年华志比秋鸿　　　不违今世与之圆方　　　功崇唯志业广唯勤

可责人时尚宜平气　　　甘守清贫力行克己　　　甘言如毒苦言如药
于忘形处还要慎言　　　厌观流俗奋勉修身　　　昼坐惜阴夜坐惜灯

努力从公任劳任怨　　　处世无奇唯忠唯恕　　　与其轻人不如重我
淑身涉世有守有为　　　治家有道克俭克勤　　　但求无过非必有功

行不得则反求诸己　　　行义有福能勤有继　　　行所当行不为己甚
躬自厚而薄责于人　　　居安思危在约思纯　　　慎之又慎未敢即安

行而不舍善骥千里　　　礼以闲心乐而昭德　　　传家有道唯存忠厚
纳无所穷如海百川　　　智能用事仁是爱人　　　处世无奇但求率真

齐家欢其长幼有叙　　　有志长精自臻纯诣　　　有德乃乐乐能济世
好学通于古今之文　　　学以渐进岂碍前程　　　虑善以行行则厥时

有德有操可仪可象　　　观五岳而知众山小　　　闭户自精开卷有益
克文克敏乃惠乃时　　　凡百川咸于大海归　　　垂露在手清风入怀

直以持世贞以砺志　　　知之所知未容妄作　　　知昔日始可喻今者
坚可配柏正可凌霜　　　止其所止何敢奢求　　　观已事所以察未然

和气致能一家祥瑞　　　受人以虚求是以实　　　其名弥清其德弥贵
书声足起万里风云　　　能见其易独为其难　　　有如者杰自胜者雄

罔谈彼短我亦有短　　　品节详明德性坚定　　　洗心曰斋防患曰戒
靡持己长人孰无长　　　事理通达心气和平　　　循法无过修礼无邪

事不始终毋务多业　　　敬以持己恕以接物　　　道不远人子臣弟友
任有大小唯其所能　　　勤能补拙俭能养廉　　　功唯逊志礼乐文章

道不可卑德唯自下　　　道德一经首推在俭　　　道合天人无用之用
言思为则行必有威　　　损益诸义无大于谦　　　心有权度不平以平

造物所忌曰苟曰巧　　　临类恒和取诸无妄　　　树木得荫树棘得刺
万类相感以诚以忠　　　随时观感咸与人同　　　争鱼者濡争兽者趋

美言不信信言不美　　　读书要能自出见解　　　读书作文我用我法
疑人莫用用人莫疑　　　处世无过善体人情　　　莳花种竹吾爱吾庐

诌语尤甘忠言最苦　　　闻木樨香何隐乎尔　　　真不犯祸和不害义
下坡极易攀峰甚难　　　知菜根味无求于人　　　严以责己宽以待人

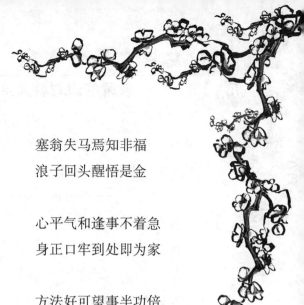

盛德若愚细行不失　　著我诗书心无旁骛　　塞翁失马焉知非福
为善最乐读书便佳　　送人玫瑰手有余香　　浪子回头醒悟是金

一片忠诚是心安之本　　心术不可得罪于天地　　心平气和逢事不着急
满怀善良乃快乐之源　　言行要留好样与儿孙　　身正口牢到处即为家

于境知足于学知不足　　为伦礼中所当行之事　　方法好可望事半功倍
其气有为其品有勿为　　做天地间不可少之人　　规律熟才能举一反三

先天下之忧忧得其所　　天下断无易处之境遇　　世事让三分天宽地阔
后天下之乐乐在其中　　人间哪有空闲之光阴　　心田培一点子种孙收

及时为善请自今天始　　种十里名花何如种德　　做两件利国利民之事
与世无争长如太古初　　修万间广厦不若修身　　交几位有情有义之人

待足几时足知足自足　　欺人如欺天毋自欺也　　居家以孝友勤俭为本
求闲何日闲偷闲便闲　　负民即负国何忍负之　　处世循谦和忠恕而行

一饭一粥当思来之不易　　与善人交如入芝兰之室　　不体物情一生俱成梦境
半丝半缕恒念物力维艰　　从良师学幸登桃李之门　　好言人过举足尽是危机

无怠事无废事庶几无事　　丹桂有根独生诗书门第　　可吃满口饭不讲满口话
不循情不矫情乃能得情　　黄金无种偏长勤俭人家　　来说是非者必为是非人

安详恭敬乃教儿孙方法　　克己最严须从难处去克　　志欲光前唯是读书教子
公开严慈是做父母楷模　　为善尤乐勿以小而不为　　心存裕后莫如勤俭持家

李谪仙欲以千金裘换酒　　但存心里正无愁下眼晚　　话虽未到口边三思更好
陶彭泽不为五斗米折腰　　若人轻着力便是转身时　　事纵放得心下再慎何妨

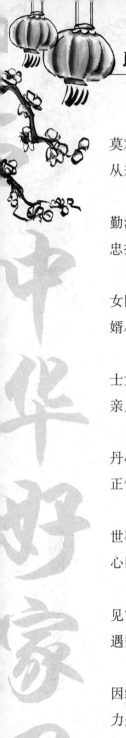

莫对失意人而谈得意事
从来有名士不取无名钱

履平地若危涉风浪无患
对青天而惧闻雷霆不惊

勤治生俭养德四时足用
忠持己恕及物终身可行

人当斯人与世论势想做事
我即是我为心鉴新自有欣

女因亲老瞻养终生难辞托
婿尽子职精通四海理不亏

丈夫当困中图生祸中求福
古人有难而修德穷而著书

士大夫爱钱书香骤变铜臭
亲兄弟折箸璧合顿化瓜分

反己修齐学圣贤智谋在我
由人毁誉看天地何所不容

丹心一颗千金哪比人格贵
正气一身万贯不移品行高

知事晓事不多事太平无事
忍人让人勿欺人方可为人

世事如棋让一着不为亏我
心田似海纳百川方见客人

见落花飞絮莫愁春华色褪
仰翠竹苍松当做节亮风高

见富贵而生谄容者门旁犬
遇贫穷则做骄志人井底蛙

如将有日思无日永无无日
若到无时想有时没有有时

因缘内因鸟雀离树称飞鸟
力是外力风筝上天还靠风

机羽行空得到赞扬因离地
船舰航海曾经顺利还问天

观作宏观处在高处思远处
步图大步行因顺行是长行

远富近贫以礼相处天下少
疏亲慢友因败而散世间多

惜衣惜食非为惜财兼惜福
求利求名但须求己莫求人

忙里有余闲登山临水觞咏
身外无长物布衣素食琴书

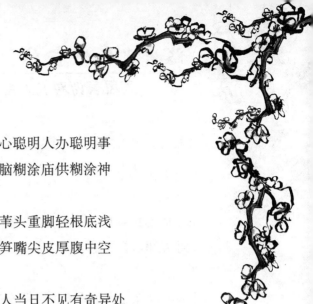

阅遍人情方觉至亲之足贵
备尝世味始知淡泊之为真

蕙质兰心聪明人办聪明事
昏头涨脑糊涂庙供糊涂神

聪明人糊涂人少心人易处
文雅话粗野话无情话难听

墙上芦苇头重脚轻根底浅
山间竹笋嘴尖皮厚腹中空

大丈夫行事论是非不论利害
真君子为人图万世不图一生

大本领人当日不见有奇异处
真学问者终身无所谓满足时

开口说轻生临大节决然规避
逢人称知己即深交究竟平常

为人莫恋欢娱欢娱即是烦恼
处事休辞劳苦劳苦乃得安康

仁者不忧智者不惑勇者不惧
视其所以观其所由察其所安

且静坐抚良心今日却为何事
莫乱行从正道前途自遇好人

要办事莫生事要任怨莫敛怨
可兴利毋近利可急功毋喜功

气忌躁言忌浮才忌露学忌满
胆愈大心愈细智愈圆行愈方

振乃家声好就孝悌一边做去
成些事业端从勤俭二字得来

损人有过轻人失礼助人高尚
败业可耻守业无能创业光荣

避免纠纷要谦和莫因小失大
消除矛盾需谅解应以理服人

无贪心无私心心存清白真快乐
不寻事不怕事事留余地自逍遥

不打通义利关头且莫轻言学问
能参透圣贤语脉还须实力躬行

白玉犹有瑕求人十全十美哪里遇
青春岂无限择偶千挑百拣几时休

才要真爱名要略爱总之己要自爱
天不可欺君不敢欺实于心不忍欺

兰为善士艾比小人唯薰莸之自别
松号大夫竹称君子亦功德所宣旌

先祖先贤成由勤俭败由奢岂敢相忘
后世后学幼当教养老当敬首在言行

处世无奇方敬天畏地怀德与人为善
传家有妙法崇俭尚勤秉灯教子读书

临喜临怒见涵养群行群止见品格
大事难事看担当逆境顺境看襟怀

小人亦有好处不可恶其人并没其是
君子亦有过失不可好此子兼饰此非

何必读尽圣贤书能全孝友便称实学
纵然周知天下事不识进退总是愚人

鹰虽有翼不破雾穿云难有高翔之志
铁诚坚硬未千锤百炼岂为利剑之锋

轻听发言怎晓非人之谮诉需平心暗想
与人相辩焉知诮我之不是当忍气三思

傲不可长欲不可纵志不可满乐不可极
动莫若敬居莫若俭德莫若让事莫若咨

智不求隐辨不求给名不求难行不求异
进莫若让勇莫若义责莫若仁富莫若廉

人谁无过小事糊涂大事不糊涂是亦足矣
我非爱财来得明白去得更明白吾何慊乎

希圣希贤希天此等地位岂肯让他人做去
立言立功立德这般事业还须属自己担当

到盛怒时少缓须臾俟心气和平省却无穷烦恼
处极难事静思原委待精神专注自然有个权衡

远必自迩高必自卑为学在进行不以中道所阻
德成而上艺成而下读书皆有用要凭全力以求

读圣贤书岂徒寻章摘句须将践履工夫尽此人道
处世间事何必布恩掠美只要本分做去求个天知

第六辑

古今修身对联

一言九鼎	一襟和气	一腔正气	人情为善
只字千钧	万斛宽心	两袖清风	世事雍和
入孝出悌	大公无我	小人下达	小人莫近
由义居仁	推己及人	君子中庸	大事不惊
三省古训	千年修德	寸阴无价	上循天理
四德备箴	万事趋和	尺璧如金	下合民心
与时俯仰	与仁结友	木能交让	不贪为宝
从俗浮沉	从善如流	水亦流谦	绝尘勿污
不攻人短	为时养德	为善最乐	为善最乐
莫矜己长	到处惠人	积德尤高	有读更佳
水深无语	文为德表	文勿饰过	文增气质
人稳不言	敬乃身基	德自清心	武长精神
心贞昆玉	心平气静	云山风度	风流清范
志展晴云	玉洁冰清	冰雪聪明	旷达襟怀
丹书作誓	四德为首	以身作则	宁为玉碎
白马申盟	万民常怀	与德为邻	不作瓦全
宁人负我	失意休馁	去留无意	乐生于智
无我负人	得势莫狂	宠辱不惊	寿本乎仁
乐情在水	礼为德首	节以缺席	片言九鼎
静趣同山	学以道尊	俭共德为	一诺千金

仪容整洁　　聿修厥德　　动为物福　　光明磊落
器宇轩昂　　长发其祥　　静与天游　　正大风流

守身似玉　　言为人表　　言多有失　　克己复礼
式度如金　　行是德风　　欲寡无忧　　正心修身

竹梅品格　　有容乃大　　行所无事　　后生可畏
家国情怀　　无欲则刚　　见于未萌　　前辈以尊

冰清玉洁　　束身圭璧　　君子无逸　　抱一为式
竹节梅香　　凛节冰霜　　民生在勤　　奉三无私

孝为地义　　知止有定　　贫不学吝　　事亲为大
忠乃天经　　自重则威　　默无过言　　养志宜先

抱朴怀素　　秉心正直　　洁如春水　　诚贯皎月
养性修身　　矢口贞诚　　清若冰霜　　节励严霜

美酒微醉　　素心若雪　　淑身济世　　随缘放旷
好花半开　　壮志凌霄　　谨言慎行　　任性逍遥

强勉学问　　涵之若海　　智含渊薮　　量包川薮
陶冶性灵　　养之如春　　洁若奎璋　　度比江河

唯仁者寿　　修身有耻　　修身琢玉　　修梅故静
得德人风　　博学为文　　积德遗金　　学竹则虚

惩前毖后　　梅花品格　　愿闻己过　　慎独弘毅
治病救人　　竹节虚怀　　莫论人非　　抱淑守贞

谦而体道　　　　德开寿域　　　　德风永驻　　　　澡身浴德
静以修身　　　　善积福源　　　　师表常尊　　　　矩步规行

一生勤作本　　　　一点浩然气　　　　一谦而四益　　　　人无信不立
万代德为基　　　　五言古拙风　　　　三让达至德　　　　天有日方明

人心辉日月　　　　人格斯有品　　　　人前人后一　　　　大贤秉高鉴
德业继春秋　　　　己德可无言　　　　语出语来三　　　　上德表鸿名

大德同天地　　　　己过勿惮改　　　　与人和共处　　　　与云霆甘泽
斯言贯古今　　　　未然当先思　　　　及物爱同心　　　　忘己济群生

士品直方大　　　　习静心方泰　　　　天无语独高　　　　介性浑如石
官箴清慎勤　　　　无机性自闲　　　　地不言自厚　　　　灵台自有珠

不为求言立　　　　不息身方健　　　　不离世而立　　　　不生躁妄气
还因惊众鸣　　　　无私心自宽　　　　乃与天为徒　　　　自有清虚天

不俗即仙骨　　　　不随时俯仰　　　　不矜威益重　　　　心田常种德
多情乃佛心　　　　自得古风流　　　　无私功自高　　　　书海正扬帆

心同流水净　　　　心同孤鹤静　　　　心静平如水　　　　心宽忘地窄
身与白云轻　　　　节效古松贞　　　　气和稳若山　　　　野旷觉天低

心中无俗念　　　　文品清时贵　　　　无心堪服众　　　　无言先立意
腹内有诗篇　　　　功名晚节难　　　　有志欲凌云　　　　未啸已生风

无私心似鉴　　　　无德偏哗众　　　　无过方自慰　　　　升高必自下
有德口如碑　　　　有才不轻人　　　　有理始心安　　　　谨始慎其终

为公德乃大　　长笑对高柳　　勿饮过量酒　　从来不著水
无欲品方高　　贞心比古松　　莫贪无义财　　清净本因心

立身宜得地　　立品同白玉　　立德齐今古　　礼乐攻吾短
歇足且求安　　读书到青云　　藏书教子孙　　山林引兴长

让人非我弱　　以文常会友　　平常心是道　　守分身无辱
得志莫离群　　唯德自成邻　　慈善性如流　　知机心自闲

守道不封己　　守道以立节　　行修而名立　　至人无异趣
择交亦求师　　修身为俟时　　理得则心安　　静者得长生

有忍乃有济　　有德不哗众　　有容德乃大　　自觉丹心壮
无爱故无忧　　无才多邀人　　无欲心自安　　岂忧白发斑

兴来每独往　　多言即少味　　岁寒知松柏　　名利淡如水
道集由中虚　　无欲斯有为　　患难见交情　　气节重若山

名与梅媲美　　君子淡以亲　　志与秋霜洁　　但有一无愧
节同竹比高　　小人甘以绝　　心随朗月高　　何妨百不能

但须行好事　　吟哦出新意　　声华满冰雪　　身闲乃为贵
便莫问前程　　坦率见真情　　节操效松筠　　道在不嫌贫

身是菩提树　　戒之书鱼蠹　　怀新道转迥　　把酒知今是
心如明镜台　　勉以举云鹏　　虑淡物还轻　　观书悟昨非

改过如芟草　　忍一时之气　　识密鉴亦洞　　努力崇明德
怡情好养花　　免百日之忧　　意惬理无违　　随时爱景光

第六辑　古今修身对联

串门勿久坐
闲话宜少言

纵横计不就
慷慨志犹存

和风君子德
朗月圣人怀

知命真君子
安贫古达人

知音在霄汉
平步蹑华嵩

尚流云致远
须奋翮高飞

直节思君子
清言中圣人

直如朱绳带
清似玉壶冰

居高声自远
身正影不斜

时危见气节
世乱识忠良

诗词堪浪漫
道德极诚明

诗风清且雅
德业美而真

诗人风骨硬
君子慧心平

事业由凡始
道德在躬行

事可对人语
心常如水平

事简妻孥静
心清笔砚香

忠厚为人本
谦和促事成

忠言不顺耳
诌语倍伤心

结交凌松柏
述作指江山

结念属霄汉
委怀在琴书

厚德诚无垢
高怀雅有情

树德兰在抱
立节竹虚心

威不屈所志
富难淫其心

恪勤在朝夕
怀抱观古今

经纶涵万物
磊落冠群英

修业勤为贵
成文意必高

修身如执玉
积德胜遗金

修德必获报
美意以延年

格超梅以上
品在竹之间

宽厚存心地
虚灵见性天

疾风知劲草
烈火见真金

养天地正气
法古今完人

养性修身者
安贫乐道人

高怀同霁月
雅量洽春风

高怀见物理
和气得天真

积照涵德镜
素怀寄清思

积善云有雨
虔诚玉无瑕

积德人心善
感恩世道贤

爱作近情事
勿存过分心

读书大海览
为善小重修

虚心成大器 劲节见奇才	虚心效竹节 清品如兰馨	虚怀不自足 危坐信天长	清气洁而净 惠心静且闲
清光依日月 逸思绕风云	欲养鲲鹏志 先收鸿鹄心	欲念绝毋生 初心不可忘	涵养须用敬 进学在致和
栽培心上地 涵养性中天	淡心复静虑 神怡体自舒	道出古人训 心将静者论	道德为原本 知识极聪明
职业无高下 品流有尊卑	唯止乃能动 因昧而为明	唯勤能补拙 尚俭可成廉	惜福福常在 随缘缘自来
海量由船荡 宽怀任马驰	海阔凭鱼跃 天高任鸟飞	深思修身道 快读有用书	著述须老后 积勤宜少时
梅瘦偏含雪 诗寒半说云	梅花铁为骨 绿竹虚作心	梅花香雪海 竹节傲云天	琴言清若水 诗梦暖于春
善行无大小 人品有高低	雅量涵高远 清言见古今	寒潭三载洁 玉骨一堆香	虞书除五德 萧律布三章
勤是千家宝 惰为万恶源	勤俭发家久 诗书继世长	德从宽处积 福向俭中求	静虚怀若谷 恭俭德之舆
静思天下事 多读古人书	静者思三益 闲居守四箴	蕴真惬所遇 澄虑观此身	人生当知自足 静修可与贤齐
人因知己相契 水以在山为清	大着肚皮容物 立定脚跟做人	不役世俗之乐 唯求我心所安	无欲冰清玉洁 有容海阔天空

第六辑 古今修身对联

119

文艺曲于流水　　　公生明偏生暗　　　少言不生闲气
天怀和若春风　　　智乐水仁乐山　　　静修可以永年

少小须经磨砺　　　仁者安智者利　　　未能一日寡过
老来不畏风霜　　　视其以观其由　　　恨不十年读书

世事有常有变　　　乐天不外知足　　　用孝养厥父母
英雄能屈能伸　　　修己自能及人　　　积阴德于子孙

节比真金铄石　　　白发戴花休笑　　　处世当克己短
心如秋月春云　　　雏鹰亮翅莫惊　　　交友应学人长

礼之用和为贵　　　行止无愧天地　　　行藏安于所遇
德不孤必有邻　　　褒贬自有春秋　　　仁义不假外求

岂能尽如人意　　　有猷有为有守　　　有理尽管胆大
但求无愧我心　　　希贤希圣希天　　　无私何碍心雄

有恒可以入圣　　　近智近仁近勇　　　过要细心检点
无欲然后则刚　　　立德立功立言　　　恕宜实力消融

交以诚接以礼　　　亦好生以布德　　　此世养成竹节
近者悦远者来　　　既广爱而推恩　　　几生修到梅花

作事兼权情理　　　作事须凭肝胆　　　弃燕雀之小志
持身恪守墨绳　　　为人莫负发眉　　　慕鸿鹄之高翔

戒骄风清月朗　　　述事感怀之作　　　言必信行必果
除躁海阔天空　　　引今稽古为文　　　视思明听思聪

退让所以明礼　　君子此清如玉　　君子兰前论道
劳谦乃能有终　　诗人所咏若兰　　美人蕉下弹琴

穷则独善其身　　抱林壑之清旷　　放怀于天地外
达则兼济天下　　乐琴书以消忧　　得气在水云间

虎尾春冰惕念　　居易自安本分　　审其伦明其别
马蹄秋水怡情　　畏难不算奇才　　正其理笃其恩

卧下野莫尤怨　　恢恢有君子度　　厚性情薄嗜欲
居高位不骄矜　　汪汪若万顷波　　直心思曲文章

笃礼终于寒暑　　择友须求三益　　修合虽无人见
辨义利于几微　　克己宜守四贞　　存心自有天知

修身切须寡欲　　骄傲来自浅薄　　造物所忌者巧
用意不如平心　　狂妄出于无知　　与人相见以诚

读书随处净土　　柳絮体媚无骨　　君子交淡若水
闭门即是深山　　梅花影瘦有神　　同心言臭如兰

养心莫善寡欲　　浮名一瞬即逝　　俯仰无愧天地
至乐无如读书　　高论千古不磨　　褒贬自有春秋

泰山不辞抔土　　铁石梅花气概　　临事有长有短
长江何拒细流　　山川香草风流　　与人不激不随

常耻躬之不逮　　得慈祥而示化　　深则厉浅则揭
欲寡过而未能　　敦惠爱以为心　　近者悦远者来

欲有节行有度　　　智者乐仁者寿　　　智慧源于实践
思所闻做所知　　　鄙夫宽薄夫敦　　　天才出自勤劳

谦卦六爻皆吉　　　静坐当思己过　　　暴躁不堪人德
恕字终身可行　　　闲谈莫论人非　　　因循岂有成功

燕雀应思壮志　　　雅言诗书执礼　　　一人知己亦足已
梅兰珍重年华　　　益友直谅多闻　　　毕生自修无尽期

一心不为风尘蔽　　一心愿笋快成竹　　一片光明心比月
半榻常如天地宽　　几日怜槐已着花　　十分欣喜我如鱼

一肩风月谁担去　　一生肝胆向人尽　　一物不知深与耻
六面湖山自拥来　　万里河山为民留　　遇人而向虚以心

一失足成千古恨　　一谦以数益具矣　　人心若路直行好
再回首是百年身　　三让而至德昭焉　　世事如棋宽着高

人见利而不见害　　人有不为斯有品　　人各有能我何与
鱼见食却不见钩　　己无所得可无言　　身所未得心难安

人遇误解休怨恨　　人品若山极崇峻　　人生自古谁无死
事逢得意莫轻狂　　情怀与水亦清幽　　凡事行其心所安

人生哪有多如意　　人得交游是风月　　人德先恭而后让
万事只求半称心　　天开图画即江山　　天道亏盈而益谦

人品比南极出地　　人似幽兰清气足　　人于静处心多妙
此心如明月当天　　事当春水惠风和　　诗到穷时句亦工

122

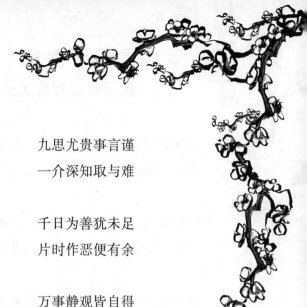

人间清品如荷极　　几番磨琢方成器　　九思尤贵事言谨
学者虚怀与竹同　　十载耕耘自见功　　一介深知取与难

八体六书生奥妙　　三世青毡宜耐冷　　千日为善犹未足
五山十水见精神　　五更黄卷莫辞勤　　片时作恶便有余

尤事必求其所以　　万事随缘皆有味　　万事静观皆自得
居心不可有然而　　一生知我不多人　　四时佳兴与人同

万感不生斯是静　　大学之道在至善　　大丈夫自然直爽
群形无系故为虚　　中庸之理守其诚　　真豪杰断不粗疏

大气量天空海阔　　大隐何曾避朝夕　　大胆文章拼命酒
真聪明岳峙渊渟　　高人不独在山林　　坎坷道路断肠诗

小挫磨便得安稳　　小不忍而乱大谋　　士也置身宜尚志
太精明即是糊涂　　子不教乃父之过　　佛之入世只无争

士可杀而不可辱　　士要成功须定力　　勺水汇集成大海
天能经却不能欺　　学无止境在虚心　　拳石频移筑高山

山静无言水自喻　　习勤不止能祛欲　　才如天马行空惯
兰因有室竹相怀　　闻过则喜自得师　　笔似燕尾点水轻

才不及人凡事让　　才高自觉风云阔　　凡事信天应尽分
学能知命此心安　　情重反疑华岳轻　　但当克己不尤人

凡事总求过得去　　口慧有言皆敏妙　　久读古书终继美
此心先要放平来　　心香无字不精神　　常吟名句自流芳

久病始知求药误
衰年方悔读书迟

已有梅花天半树
更邀明月作三人

与其过纵何如教
到得能诚自会明

与贤者游信足乐
集古人文亦大观

心到虔明佛有眼
运当亨处石能言

心持铁石要长久
胸吞云梦略从容

心闲临水知鱼乐
晓起入林寻鸟声

心褊小人常戚戚
礼多君子屡谦谦

心收静里寻真乐
眼放长空得大观

心未曾求过分事
身常少有不安时

文成蕉叶书犹绿
吟到梅花字亦香

文章最忌随人后
道德无多只本心

文能换骨无余兴
学到寻源自不疑

文章真处性情见
谈笑深时风雨来

文章清逸世少匹
胸次广博天所开

文章尔雅从无俗
诗赋风流自有神

水唯善下方成海
山不矜高自极天

水能性淡为吾友
竹解心虚即我师

水既载舟亦覆舟
钱能利我复害我

水争流滚趋愈下
人到无求节始高

水韵清出留客梦
山居素雅溢茶香

不因果报勤修德
岂为功名始读书

不信酒是消忧物
只知诗乃提神丹

不可强鼓血气勇
未宜轻折平生腰

不自私人夸厚道
好人品自带光芒

不向孔颜寻至乐
难以曲谐悟微言

不知明月为谁好
时有落花随我行

不妨知己兼寒士
只因逢人有热肠

不以精明思自荐
唯其道在择长流

不要钱原非易事
太讨好也是私心

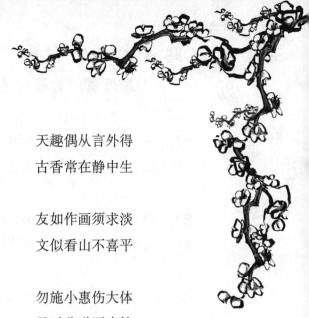

不悲镜里容颜瘦　　　不羞老圃秋容淡　　　天趣偶从言外得
且喜心头疆域宽　　　且看黄花晚节香　　　古香常在静中生

天下奇观书卷好　　　反观自己难全是　　　友如作画须求淡
世间滋味菜根长　　　细论人家未尽非　　　文似看山不喜平

历劫方显钢骨硬　　　丹砂粉碎丹犹在　　　勿施小惠伤大体
经霜更知秋水明　　　钢刀锻磨钢愈铮　　　毋以公道逐小情

为人当于世有益　　　气节为真金介石　　　气清更觉山川近
凡事求其心所安　　　心神如秋月春风　　　心远愈知宇宙宽

日月两轮天地眼　　　日静其心延福寿　　　月无贪富家家有
诗书万卷圣贤心　　　无求于物长精神　　　燕不炎凉岁岁来

开怀一笑朝中事　　　丰收南亩春前雨　　　无求便是安心法
闭口不论世上人　　　先放东风岭外梅　　　不饱真为却病方

无求胜在三公上　　　无欲常教心似水　　　无不可过去之事
知足常如万斛余　　　有言便觉气如霜　　　有自然相知之人

无易事则无难事　　　无事在怀为极乐　　　无情未必真豪杰
有虚心方有实心　　　有长可取不虚生　　　有度方为大丈夫

今居古稽极乐事　　　风人所咏托与古　　　风流甘落他人后
外和内峻大贤风　　　静者之怀和若春　　　智勇遥凌壮士前

五福源头归积德　　　五伦有乐天所附　　　五伦之中存至乐
六经注脚在躬行　　　数世之利书为长　　　六经之外有奇书

125

书为至宝一生用　　书因鸟迹方成篆　　书从起外翻成悟
心作良田万世耕　　文是龙心不待雕　　文到穷明自有神

书有未观皆可读　　书到用时方恨少　　书味本长宜细品
事已经过不须提　　事非经过不知难　　砚田可种勿抛荒

书似青山常乱叠　　书卷莫教春色老　　止谤须从自修起
灯如红豆最相思　　柴门不为俗人开　　求知多为勤学来

长存正气为君子　　古人所重在大节　　古人已往留明鉴
素讲良心做好人　　君子于学无常师　　逝者如斯惜少年

立品早防冯妇虎　　立德须从三古志　　立身须作真男子
读书不好叶公龙　　为书自起一家言　　善处方为大丈夫

立身卓尔青松貌　　立身若被浮名累　　世本无先觉之验
挺志铿然白璧姿　　涉世无知本色难　　人贵有自知之明

世道每逢谦处好　　世上本无常照月　　世事静观知曲直
人情常在忍中全　　天边还有再来春　　人心甘苦见交情

正人君子为人正　　平旦所息长在抱　　可叹雄心醉中老
清水芙蓉出水清　　清风自来恰无私　　莫使年华梦里衰

只要眼前无俗气　　只道诗人无佛性　　归来彭泽先生赋
不妨身后有清名　　自怜清格笑尘心　　清浊沧浪孺子歌

失败本是成功母　　功名盖世不矜满　　功名可致犹回首
勤劳方为幸福根　　道德积身唯正成　　道德无多只本心

必正颜言端冕立　　托兴闲翻廿四史　　节用爱人能许国
亦屈足坐侧身行　　洗心常探十三经　　正心诚意乃修身

处理不外才识学　　对松既许成知己　　仪容淡雅人胥爱
博物能通天地人　　看竹何须问主人　　文字优长世所师

白石清泉从所好　　乐与不乐方为乐　　乐做好人扬上善
和风时雨与人同　　闲到忘闲始是闲　　常修美德播芳名

好人树立民间范　　好说己长便是短　　有关世教书常读
美德花开天下春　　自知其短则为长　　难对人言事莫为

有关家国书常读　　行不得反求诸己　　行事莫将天理错
无益身心事莫为　　躬身厚薄责于人　　立身当与古人争

吃菜根淡中有味　　百载修仁少栽刺　　多难只将双鬓改
守王法梦里不惊　　一生行善多养花　　浮名不作一钱看

当有几分吃亏处　　当为曾子日三省　　当官常想民之苦
常存一片耐烦心　　更作张公加半思　　凡事求其心所安

当慎世事与自事　　自喜轩窗无俗韵　　自知性僻难谐俗
莫将人间比梦间　　亦知草木有真香　　且喜身闲不属人

自谓胸中不平事　　自静其心延福寿　　自甘淡泊心神定
唯忧世上可怜人　　无求于物长精神　　独领风骚兴致来

自是清高无俗尚　　任事者必以实学　　成名每在穷居日
从来文雅即风流　　谨言人每有奇文　　败事多因得意时

名美尚欣闻过友　　名节爱人先爱己　　名由实至亦时耳
业高不废等身书　　风流宜古自宜今　　人不虚生斯可乎

名高北斗星辰上　　名画要如诗句读　　名利只当身外物
诗在千山烟雨中　　古琴兼作水声听　　读书恰是梦中仙

观大海者难为水　　池为蓄鱼多积水　　论事人非能行事
悟自心时不见山　　山因养鹤半藏云　　无言时胜于有言

约法岂如山并重　　岁月莫从闲里过　　岂关名利分荣路
称情应较水还平　　成功须向勤中求　　犹恐行藏堕俗流

扫除腻粉呈风骨　　同有肝胆人共事　　老去诗篇满余兴
褪却红衣学淡妆　　于无字句处读书　　秋来花鸟莫深愁

老树著花偏有志　　老骥伏枥千里志　　每逢大事有静气
春蚕食叶倒抽丝　　短锥处囊半寸锋　　不信身边无高才

每临大事有静气　　君子落得为君子　　君子之交淡若水
不信今时无古贤　　小人枉自做小人　　小人之谊薄如棉

忍几句无忧自在　　忍一言风平浪静　　克己须从难处克
耐一时快乐神仙　　退半步海阔天空　　求人莫就动时求

言以思真归浑厚　　言能有当因无躁　　言而有信言必果
气因善养得和平　　事不妄为终在初　　行影无邪行则诚

言之高下在于理　　但吟松树当年事　　但有梅皆成野趣
道贯古今唯在时　　愿与梅花结后缘　　不多松亦作涛声

128

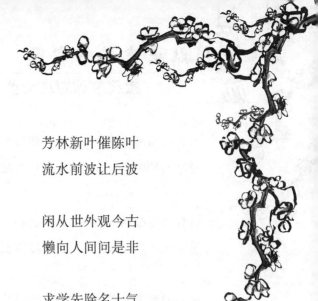

但抱精神寄涵泳　　　芳徽照世冰霜洁　　　芳林新叶催陈叶
总由忠爱发菁华　　　懋曲旌闾姓氏香　　　流水前波让后波

利人时出有益语　　　利益面前人显贵　　　闲从世外观今古
修己常存改过心　　　困难处境志方高　　　懒向人间问是非

闲看秋水心无事　　　闲观世事如修史　　　求学先除名士气
坐对长松气自豪　　　参见哲人始信书　　　为官应识庶民情

时能惠迪斯恒吉　　　听风观雨赏花草　　　身向尺天崇伟业
居不妄为方久安　　　写字读书品香茗　　　人从香海望才名

身外浮云何足论　　　身外浮云名与利　　　抑烦制怒长生道
松间明月长如此　　　心中劲节竹和梅　　　善让能容处世方

妒我安知非弱小　　　旷心将江河齐远　　　位卑未敢忘忧国
欺人绝不是英雄　　　宏量与宇宙同宽　　　事定犹须待盖棺

识时务者为俊杰　　　学浅自知能事少　　　若不撇开终是苦
鉴天地者唯圣人　　　礼疏常觉慢人多　　　如能捺住即成名

寿如金石佳添好　　　怀揣道义人从善　　　性天清旷长生海
我与梅花淡结邻　　　腹有读书气自华　　　心地光明不夜珠

祈寿年无须服药　　　幸福由心岂由境　　　学做好人风气正
享清福不在为官　　　人生在我不在天　　　帮扶弱者德行高

知足是人生一乐　　　知足乃为真富贵　　　知人其难九德贵
无为得天地自然　　　吃亏不占大便宜　　　闻过则喜百世师

知多世事胸襟阔　　凭陵河岳才无敌　　居安思危介节见
阅尽人情眼界宽　　小巧园林坐亦宽　　积疑得悟清光来

居身知足心常乐　　居心中正明如镜　　使我开怀唯夜月
遇事从容意自平　　接物宽和蔼若春　　令人深省是晨钟

非关因果方为善　　到眼读书皆雪亮　　屈指当知功与过
不计科名始读书　　束身名教自风流　　关心最是后争光

侧身天地更怀古　　若能杯水如名淡　　贤者所怀虚若谷
独立苍茫自咏诗　　应信村茶比酒香　　圣人之气静如兰

细品梅花追冷傲　　细拿云烟缝破衲　　昔日心经极可念
漫观雪景慕纯洁　　闲捞溪月作蒲团　　今如不乐静复思

读书礼可能通一　　物不求余随处足　　河以长流而及远
酒色财真不惑三　　事如能省即心清　　山因直上乃成高

宝剑锋从磨砺出　　齿牙吐慧艳如雪　　林花经雨香犹在
梅花香自苦寒来　　肝胆照人清若秋　　芳草留人意自闲

退一步自然优雅　　事可问心宁任怨　　事能实济方为善
让三分何等清闲　　功唯藉手敢辞劳　　人不虚生始见才

事能知足心常惬　　事将移脚翻成海　　事难忘我情终累
人至无求品自高　　论到违心大是难　　口易谈人论总苛

事到盛时须警省　　事到无心皆可乐　　诚意功夫唯慎独
境当逆处要从容　　人非有品不能闲　　匡时事业贵如人

130

诚存修省取诸震　　　诚意待人终有德　　　思其艰而图其易
德积高寻自可升　　　平心应事自无争　　　言有物而行有恒

度是春风常长物　　　春风大雅能容物　　　春风和气见眉宇
心如秋水不染尘　　　秋水文章不染尘　　　鹤发松姿余典型

春光解恋身将老　　　持其志无暴其气　　　持身每戒珠弹雀
世味尝深兴不狂　　　敏于事而慎于言　　　养气要如刀解牛

持身勿使白璧玷　　　相知当不在近远　　　语为吉祥滋厚福
立志直与青云齐　　　修己岂可殊初终　　　心缘谨慎历亨衢

话须通俗方传远　　　话到口边留半句　　　室有芝兰气味别
语必关心才动人　　　理从是处让三分　　　胸无城府天地宽

室如韩愈诗中句　　　看花临水心无事　　　举目山林如画壁
身是王维画里人　　　啸志歌怀意自如　　　怡心泉石入芸窗

品是高山容万物　　　品格清高梅作友　　　品若梅花香在骨
德如大海纳千川　　　襟怀坦荡海为师　　　人如秋水玉为神

荣枯事过皆为梦　　　虽云智慧生灵府　　　虽痴人可与说梦
悲喜不惊便是禅　　　更要功夫在笔端　　　唯至诚方能前知

修身不忘圣贤训　　　修身岂为名传世　　　除净私欲终世乐
处世常怀仁爱心　　　作事唯思利及人　　　洗尽俗念满身轻

经多世事思方壮　　　效梅傲霜休傲友　　　庭前广种虚心竹
看破浮名意自平　　　学竹虚心莫虚情　　　院里休栽带刺花

能与诸贤齐品目　　能以蓬门坚介节　　养成大拙方为巧
不将世故系情怀　　不图巾帼见高风　　学到如愚才是贤

养气不动真豪杰　　养性一偏开邪钥　　养性如莲人自洁
居心无物转光明　　省身三要辟贤关　　修心似竹节崇高

养成心性方能静　　积玉积金更积德　　读书养气十年有
梦至齐庄始有功　　问富问贵尤问心　　扫地焚香一事无

读书常戒无欺处　　读能明达耕能富　　读书当观其气象
谨身不可有闲时　　成自谦虚败自骄　　交游求益于身心

酒常知节狂言少　　酒逢知己千杯少　　素甘淡泊心常泰
心不能清乱梦多　　话不投机半句多　　曾履忧危体愈坚

根深不怕风摇动　　紧十分到头难解　　厚道待人谈实话
干正何惧月影斜　　退一步前景愈宽　　平和处世忌狂言

胸有智珠终日润　　胸有宏图天地大　　胸阔千来如粟粒
心如宝鉴一身明　　心无私念海波清　　心轻万事似鸿毛

陶情不出琴书外　　特立独行有如此　　莫学灯笼千只眼
遣兴多在山水间　　进德修业须及时　　要仿蜡烛一条心

莫道浮云终蔽日　　莫待明年花更好　　诸事随时若流水
应信绿叶乐扶花　　当惜今朝春尚浓　　此怀无日不春风

高山仰止疑无路　　笔墨漫教忙里错　　笔兼海外波涛壮
曲径通幽别有天　　声名只怕老来低　　园贮壶中日月长

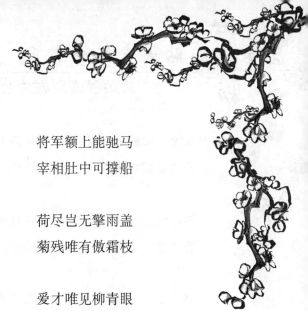

笔端欲扫千钧力　　滌烦除俗寻真乐　　将军额上能驰马
诗里横飞百尺台　　临水登山极大观　　宰相肚中可撑船

海枯石烂心不变　　得意客来情不厌　　荷尽岂无擎雨盖
地老天荒情犹浓　　知心人到话投机　　菊残唯有傲霜枝

荷塘月色招人醉　　浮云若梦谁非寄　　爱才唯见柳青眼
宣纸云烟任我狂　　到处能安即是家　　交友孰如兰素心

爱敬古梅如宿士　　爱读书宜先静气　　得意时花香月色
护持新笋似婴儿　　思补过乃克有功　　宽心处琴韵书声

险夷不辨应尝胆　　虚心竹有低头叶　　虚中悟道乾坤大
道义争担勿息肩　　傲骨梅无仰面花　　静里参禅日月长

道在圣传修在己　　道德滋生君子气　　遇事虚怀观一是
德由人积鉴由天　　文明涵养好人风　　待人和气听群言

眼里有尘天下窄　　眼界高时无物碍　　清心素养儒家范
胸中无事一床宽　　心源开处有波清　　惬意静修君子风

清如秋菊何妨瘦　　清影当窗梅得月　　清如瘦竹闲如鹤
傲似梅花不畏寒　　凉云满地竹笼烟　　座有春风室有兰

欲无后悔须修己　　欲共山水荐秋菊　　欲共向平参损益
各有前因莫羡人　　长留清白在人间　　曾闻孔子论和同

欲论古来兴废事　　欲除烦恼须尝胆　　欲除烦恼须无我
须平自己是非心　　不识人情且卧薪　　想求康乐莫贪心

第六辑　｜　古今修身对联

欲除烦恼须无我　　　握手有怀如日月　　　辅世长民莫若德
历尽艰难好做人　　　凭栏无语看风云　　　巧言令色鲜矣仁

偶呼明月问千古　　　敬君子方显有德　　　谙体世情皆学问
静对青山思故人　　　怕小人不算无能　　　笃修人品是经纶

逼十分到头难解　　　梅花落处疑残雪　　　梅花香馥琴心古
退一步前程易通　　　柳絮开时任好风　　　瑶草春深鹤梦闲

梅花绕屋香成海　　　梅花百树鼻功德　　　梅香嚼得成诗句
溪水如云绿到门　　　茅屋三间心太平　　　月色邀来入酒杯

梅根读易千山雪　　　喻义自无非理事　　　善行不怕人言傻
松下横琴一榻云　　　爱名常葆不贪心　　　美德尤钦自律恒

富在辛劳穷在情　　　满襟和气春如海　　　腹饱诗书为雅士
成由勤俭败由奢　　　万丈文澜月在天　　　心淡名利是高人

蓄志谷怀比火热　　　锦上添花非实意　　　愧无媚骨难谐俗
辨丝赤心似镜明　　　雪中送炭是真情　　　赖有痴肠解读书

嘉木随时皆入画　　　勤浴不病勤欲病　　　勤能补拙才偏敏
好山迎面正当窗　　　学道无忧学盗忧　　　廉不沾名品益高

雍容合度方为礼　　　置身直欲高千仞　　　雅怀深得花中趣
姑息存心不是恩　　　处世当思下一层　　　妙虑时闻笔里香

鹰隼入云睐所向　　　藏胸丘壑知无画　　　癫狂柳絮随风舞
骅骝得路慎于平　　　过眼烟云且等闲　　　轻薄桃花逐水流

一物不知儒夫之耻　　一生不做暧昧之事　　十年种树君子有后
片长自足壮士不为　　诸君毋以笑貌为恭　　一朝复礼天下归仁

十二时中常省己过　　力求有功方能无过　　大智若愚不失其智
千百年事但仰古人　　必先去旧而后立新　　大愚若智益见其愚

大量容人小心处事　　大器晚成少安勿躁　　天开长乐维勤为俭
正身率物屈己为群　　急流勇退小住为佳　　人到恒春谨身慎言

天下断无易处境遇　　于世俗中见本来面　　于进步中求退步想
人间哪有空闲光阴　　处家庭内无利己心　　在忙时节作闲时游

义在斯为奚让贲育　　义路悬规礼门植矩　　山水有灵亦惊知己
理足而上不因程朱　　和神当春清节为秋　　性情所得即心所安

与少乐何如与众乐　　与其轻人不如重我　　心气和平事理通达
有不为而后有所为　　但求无过非必有功　　德性坚定品节详明

心平气和千佳骈集　　文质相含济以学问　　文峻若山品清于水
意粗性躁一事无成　　洁清自守造于高明　　事稽在古贤取诸今

五福源头端由积德　　日有所思经史如诏　　日新日近日疏日远
六经注脚慎重躬行　　久于其道金石为开　　自轻自贱自重自尊

无彼我心是真平等　　无遇于今必得于古　　仁义自治有为有守
去贪嗔念乃大自由　　能修夫己自及夫人　　琴书作乐乃息乃游

仁义是重乃轻晋楚　　仁知约身当享眉者　　古训是式威仪是力
道德日损自益乔松　　靖共祈福以燕后昆　　功崇唯志业广唯勤

第六辑

古今修身对联

135

贴出中华好家风

家风家训对联大全

可责人时尚宜平气　　　以义抑强以仁恤弱　　　以孝肥家以忠肥国
于忘形处还须慎言　　　乃台吐曜乃岳悍精　　　以道为际以德为邻

甘以不争素心若雪　　　甘守清贫力行克己　　　甘言如毒苦言如药
羞与为伍贵气如兰　　　厌观流俗奋勉修身　　　昼坐惜阴夜坐惜灯

兰石之姿珪璋之质　　　立德立功居之以敬　　　见人有过若己之失
颛仓有纪勋力有章　　　友直友谅尊其所闻　　　于理既得即心所安

见义则为锄其德色　　　处世无奇唯忠唯恕　　　礼以闲心乐而昭德
当仁不让养此心苗　　　治家有道克俭克勤　　　智能用事仁是爱人

礼节乐和风人所得　　　竹柏旷怀心神共远　　　考古酌今审时度势
日光月洁君子之辉　　　智仁雅乐山水同深　　　通中法外舍短取长

尽心尽力尽能尽职　　　行而不舍若骥千里　　　行道有福能勤有继
任劳任怨任敢任功　　　纳无所穷如海万川　　　居安思危在约思纯

行所当行不为已甚　　　如衡之平如镜之澈　　　如孟之刚气配道义
慎之又慎未敢即安　　　乃玉其白乃冰其清　　　继孔而圣志在春秋

至性至情得天者厚　　　存俨若思养浩然气　　　闲户在精开卷有益
实心实意感人也深　　　交有益友读未完书　　　垂露在手清风入怀

刚人易怒悔于事后　　　护体面不如重廉耻　　　对镜观心非空非有
柔者善思利在行前　　　求医药莫若养性情　　　随流认性无喜无忧

坐有清言如听古乐　　　有功不伐闻过则喜　　　有德有操可仪可象
人能和气可得长年　　　为道日损积德能升　　　克文克敏乃惠乃时

136

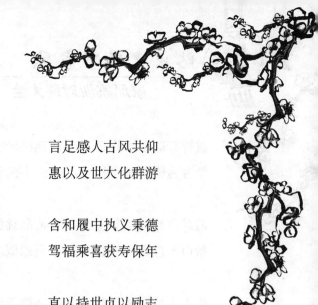

君子处世有忍乃济　　　言未能行反求诸己　　　言足感人古风共仰
儒者属辞既和且平　　　传如不习退省其私　　　惠以及世大化群游

束身如圭澄怀似镜　　　求其生不得则无憾　　　含和履中执义秉德
种德类树养心若鱼　　　勿以善之小而毋为　　　驾福乘喜获寿保年

作德曰休为善最乐　　　扶正驱邪当仁不让　　　直以持世贞以励志
顺利则裕从欲则危　　　助人忘我见义勇为　　　坚可配柏正可凌霜

知之为知未容妄作　　　知昔日始可喻可者　　　知足常乐知止不殆
止其所止何敢奢求　　　观已事所以察未然　　　随心所欲随遇而安

居以志养仕以禄养　　　学为儒宗行为士表　　　学问详明德行坚定
德为人师学为经师　　　爱若慈父畏若神明　　　事理通达心气平和

金玉其心芝兰其室　　　罔谈彼短我亦有短　　　良友远来异书新得
仁义为友道德为师　　　靡恃己长人孰无长　　　好花半放美酒微醺

所喜好不离文章外　　　所在焚香扫地而坐　　　和气迎人平心接物
有义行足为乡里师　　　此行吟风弄月以归　　　静心临事正气养身

明月清风足以乐矣　　　秉心唯常行为士表　　　洗心曰斋防患曰戒
德行文学兼而有之　　　立言不朽象与天谈　　　循法无过修礼无邪

相见以诚相率以敬　　　洁比春冰清侔秋露　　　品当齐于贤能之列
毋敝于溺毋苟于微　　　坚同白玉直似朱绳　　　事不可以虚妄相将

种德收福永享年寿　　　虽无师保可对天地　　　能种善因自获福果
敦诗说礼动履归绳　　　不立城府自振纪纲　　　不生妄念即是真人

第六辑　古今修身对联

137

益智有珠比德于玉　　莲出绿波有君子德　　高情若云朗抱如月
学古为镜平理若衡　　兰生幽谷为众人香　　和气当春节清为秋

清以自修诚以自勉　　清品犹兰虚怀若竹　　培竹浇花得养生法
敬而不怠满而不盈　　澄襟似水朗抱凝香　　听琴看剑发思古情

得古人传临书不倦　　盛德若愚细行不失　　真不犯祸和不害义
观当今事叙录为文　　为善最乐读书便佳　　严以责己宽以待人

道不可卑德唯自下　　道不远人子臣弟友　　道合天人无用之用
言思为则行必有成　　功唯逊志礼乐文章　　心有权度不平亦平

虚能引和静能生悟　　温然而恭慨然而义　　躬洁冰霜夷然清皓
仰以察古俯以观今　　忠以自勖清以自修　　情发兰石生自馥芳

谦恭为基教友为德　　静以修身廉以养德　　静以清心俭以养德
礼乐是说诗书是敦　　勤则不匮敏则有功　　入则笃行出则友贤

廉不言贫勤不言苦　　德树心田家常种福　　德润珪璋才含锦绣
尊其所闻行其所知　　香浮学圃人尽锄经　　义贯金石气蕴风云

蕴义怀仁澄波万顷　　履和蹈亨宿福余庆　　薄味养心守清养道
资忠履信直干千寻　　颐身养性积德树声　　寡交为慎立志为贞

蹈德咏仁神无不畅　　种十里名花何如种德　　有毅力有耐力万般有望
正身履道卑以自居　　修万间广厦不若修身　　无信心无恒心一事无成

莫对失意人而谈得意事　　浮躁一分到处便招忧悔　　认天地以为家休嫌室小
从来有名士不取无名钱　　因循二字从来误尽英雄　　与圣贤而共话便是朋来

君子素位而行唯知守法　　　　　清心修身动思恭静思正
小民有耻且格将焉用刑　　　　　释回增美措则正施则行

人当斯人与世论势思作事　　　　无益之争退一步天高海阔
我即是我为心鉴新自钦欣　　　　有妨友谊让三分义重情深

天接长天日降日升不尽日　　　　心有谦心短言短人短处短
地连大地春来春去还复春　　　　气无傲气长道长者长中长

行作远行志在难中不辍志　　　　多多栽种些好花于己有便
事成大事思于易里求深思　　　　远远让开条来路尽人去行

身比闲云月影溪光堪正性　　　　炎凉之态富贵更甚于贫贱
心同流水松声竹色共忘机　　　　旷忌之心骨肉尤恨于外人

宠辱不惊看庭前花开花落　　　　钓鱼逸事乎尚持生杀之柄
去留无意任天上云卷云舒　　　　奕棋清兴也且动战争之心

陌室偏令儒雅恋经天纬地　　　　海阔天空容得闲曹充吏隐
名花不惹蜂蝶狂伴月陪松　　　　水流云在好从寂境悟禅机

怀哉唯清即到此间须刻鹄　　　　不移不屈不淫常守前贤之训
勤将补拙敢云余暇可骖鸾　　　　知风知微知显可循入德之阶

充无欲害人心不忧不惑不惧　　　　好遇近智力行近仁知耻近勇
行可以告天事曰清曰慎曰勤　　　　在官唯明莅事唯平立身唯清

怀三畏懔九思精研圣贤道义　　　　读书即未成名究竟人高品雅
探五车窥二酉博学古今文章　　　　修德不期获报自然梦稳心安

修德用十分功自然神安梦稳　　　　　戒之在色戒之在斗戒之在得

做事退一步想无不心平气和　　　　　职思其居职思其外职思其忧

醴泉无源芝草无根人贵自立　　　　　存心要耐得烦安乐都从忧患始

流水不腐户枢不蠹民生在勤　　　　　遇事务见其大吃亏恒占便宜多

君子修道立德不以穷困而改节　　　　平居寡欲养身临大节则达生委命

芝兰生于深山不以无人而不芳　　　　治家量入为出干好事则仗义轻财

夜眠八尺日啖二升何须百般计较　　　垂训一无欺能安分者即是敬宗尊祖

书读五车才分八斗未闻一日清闲　　　省身三自反会吃亏者便是孝子贤孙

常想病时若得饱饭安眠便享无涯福　　或为君子小人或为才子佳人不妨坐坐

每逢恶境但有竹篱茅屋真成极乐乡　　有时欢天喜地有时惊天动地如是云云

山河大地已属微尘而况尘中之尘非上下智

血肉身躯俱归泡影且泡影外之影无了了心

富贵直等浮云守常业而慎行谨言可无大过

诗书足䌸世泽循家规而孝亲敬长便是完人

吃苦是良图做苦事用苦心费苦劲苦境终成乐境

偷闲非善策说闲话好闲游贪闲乐闲人就是废人

乾坤一草亭日往月来观大化流行酿成山水清音风云变态

天地皆逆旅渔歌樵唱觉生机勃发领取鸢鱼活相花柳精神

第七辑

姓氏宗祠对联

长绵世泽　　　　　百年树德　　　　　礼循昭穆
丕振家声　　　　　奕代流芳　　　　　克序人伦

仰酬祖德　　　　　名贤世泽　　　　　奉先思孝
佑启后人　　　　　望族家风　　　　　敦后报恩

明贤懿德　　　　　昭假列祖　　　　　慎终追远
望族芳徽　　　　　佑启后昆　　　　　积厚流芳

千枝归一本　　　　千秋光支派　　　　世代源流远
万派总同源　　　　一族显风流　　　　儿孙绍述长

礼乐家声远　　　　衣冠陈俎豆　　　　宗祖规模远
诗书世泽长　　　　礼乐荐馨香　　　　儿孙绍述长

典祀千年重　　　　祖功垂福泽　　　　烝尝酬祖德
绵延百世长　　　　宗德衍家声　　　　昭穆序人伦

福田宗祖种　　　　礼乐绳其祖武　　　听聪祖考遗训
心地子孙收　　　　诗书贻厥孙谋　　　思贻父母令名

宗祖依凭在德　　　昭穆明其礼数　　　春秋享祀来格
子孙卓越唯诚　　　俎豆荐以馨香　　　祖宗明命如闻

祖宗凭依在德　　　祖灵穆乎不远　　　一门忠气山河壮
昭穆不失其伦　　　旧德焕若其新　　　百代精神日月光

一脉源流先世泽　　丁兰刻木思亲孝　　千百年祖宗如在
满堂酝酿太和春　　孟母断机教子贤　　亿万世子孙同根

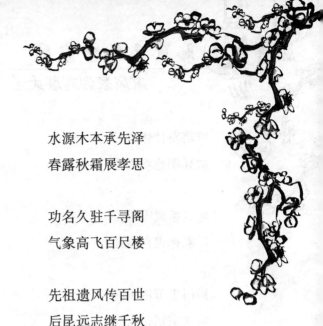

不忘孝友为家训　　乃圣乃神监有赫　　水源木本承先泽
还冀诗书著祖鞭　　维宗维祖启无疆　　春露秋霜展孝思

云呈五色文明盛　　玉树芳兰承俎豆　　功名久驻千寻阁
运际三阳世泽长　　金间紫诰答烝尝　　气象高飞百尺楼

百代孝慈山仰泰　　先代贻谋由德泽　　先祖遗风传百世
万年支派水流东　　后人继述在书香　　后昆远志继千秋

孝悌传家绳祖武　　身范克端绳祖武　　忠孝仁和承祖训
诗书济世继儿孙　　家规垂训翼孙谋　　诗书礼乐构家风

孝友传家绳祖武　　宗传后稷家声远　　宗功不显钟麟趾
后人继世翼孙谋　　学绍濂溪道脉长　　祖泽长绵起凤毛

诗书继世名光祖　　祖功宗德流芳远　　祖德振千秋大业
勤俭治家业耀宗　　子孝孙贤世泽长　　宗功启百代文明

祖德宗功皆学问　　祖砚父田垂燕翼　　泽及后裔典万古
父慈子孝笃纲常　　阶兰庭桂肇鸿图　　姻怡乡党俎千秋

笙歌祖德兴宏业　　俨若思孝孙有庆　　秋霜春露怀先泽
楼挹春风毓后贤　　祭如在明德唯馨　　霞蔚云蒸启后人

致孝思高曾以上　　道德经书家国宝　　德泽百年唯礼乐
崇礼典宗庙为先　　忠勤信义子孙财　　家风十世有箕裘

德勤孝友传家宝　　绵世泽莫如行善　　福地绍芳千枝茂
和善信诚处世经　　振家声还是读书　　前人哲训百世传

唯藉葵忱修俎豆
敢凭明德荐馨香

谋烈远贻山石厚
苹蘩时荐水泉香

绳其祖武唯耕读
贻厥孙谋在俭勤

遵千古纲常名教
序一家世代源流

满门忠节传宇内
世代宗亲在人间

瑞日芝兰光甲第
春风棠棣振家声

瑞溢荆庭光族泽
门高汉柱衍家风

燕翼贻谋凭祖德
蝉冠称庆赖宗功

世世子孙无相害也
明明我祖实式凭之

身范克端绳其祖武
家规有训贻厥孙谋

偯见僾闻孝思不匮
秋尝春礿祀事孔明

有德可久有功可大
致悫则著致爱则存

是训是行赞乃祖武
有典有则贻厥孙谋

继序不忘昭假列祖
敬其所宗爱其所亲

子孙萃一堂序昭序穆
祖德追百世若见若闻

凡今之人不如我同姓
聿修厥德无忝尔所生

乔木发千枝岂非一本
长江分万派终是同源

春露秋霜本支衍百世
苹蘩藻洁俎豆祝千秋

继述序人伦礼循昭穆
馨香酬祖德祭用烝尝

人至上圣贤训可耕可读
德为绳祖宗恩当报当酬

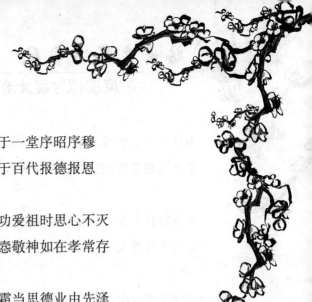

灵通本乎聪明山川并寿
显应由于正直人物增辉

萃子孙于一堂序昭序穆
祀先祖于百代报德报恩

陟降遥遥魂魄常依华屋
春秋展祭馨香宜彻幽泉

报德报功爱祖时思心不灭
致诚致悫敬神如在孝常存

春祀秋尝遵万古圣贤礼乐
左昭右穆序一家世代源流

春露秋霜当思德业由先泽
云蒸霞蔚留得诗书与后人

要好儿孙须从尊祖敬宗起
欲光门第还是读书积善来

圣泽流芳椒衍瓜绵时锡瑞
神灵毓秀凤毛麟角永呈祥

创业维艰当思功德由先泽
守成不易留得诗书与后昆

祠堂取义非亲宗祖尽终睦族
家塾育才有要存心养性修身

德业并山河俎豆馨香同四海
勋名昭日月燕尝禴祀及千秋

溯祖德宗功奕业簪缨推望族
别兰孙桂子万年诗礼继先声

厚德润门庭春蕴祖根生荫绿
仁风扬梓里源从家训沁书香

祖训沁心家藏赐书门悬通德
哲言传世阶承美荫世仰崇名

祖绍濂溪蹈规履信立德隆礼
宗传后稷根道核心抱淑守贞

宗祠修缮楼阁凌霄村民仰慕
姓氏子孙文章华国世士推崇

立业维艰虽一粟一丝毋忘光泽
守成匪易遵六德六行不坠家声

春露秋霜正蕴藻流芳苹蘩焕彩
左昭右穆喜宗枝蕃衍灵爽凭依

家肥则族肥不外亲亲长长数大事
祖远而德远全凭子子孙孙一个心

垂训一无欺能安分者即是敬宗尊祖
守身三自反会吃亏的便为孝子贤孙

145

本柱妥先灵展拜堂前百世烝尝长享祭
金檠腾瑞彩仰瞻宇内万年香火永绵延

孝子贤孙亲友一堂赫赫矣紫云绕梓里
宗功祖德烝尝万古巍巍乎望族奠宗祠

世泽浚源长孝友无双千秋俎豆昭前列
家声遗韵远文章第一百代衣冠推后贤

宗祠对名山左青龙右白虎祥瑞上腾万丈焰
门柱环古水襟东泽袖西洲彩练直涌百川雄

祖遗世泽长礼乐诗书先哲燕翼须发扬光大
宗续家声远衣冠文物后裔蝉联要继往开来

启后光前想当年事业炳炳麟麟自是既明且哲
元功硕德愿来世子孙绳绳继继无忘显祖荣宗

秩元祀礼莫愆继祢继祖继高曾孝思不匮
屡丰年岁其有奉牲奉盛奉酒醴明德唯馨

春有心于露秋有心于霜遵戴礼遗规钦崇祀典
父之贵者慈子之贵者孝式文公懿训笃念伦常

富贵显然必忠孝节义自任数端方可无惭宗祖
诗书美矣但农工商贾各专一业便非不肖子孙

尊祖敬宗岂专在黍稷馨香最贵心斋明而躬节俭
光前裕后诚唯是簪缨炳赫自当家礼乐而读诗书

宗祠横额

孝思唯永	治世久远	继序不忘	佑启后人
德音永响	明德唯馨	光前裕后	族泽绵长
楷式模范	源远流长	奉光思孝	唯衍家风
光宗耀祖	丕振家声	族门典范	蔚然家风
英明垂训	功德千秋	清名望族	世泽流芳

第七辑

姓氏宗祠对联

147

后　记

　　一个家庭，在社会上的声誉和价值，不能看其拥有多少金钱，而要看其出了多少人才，归根到底是看其是否有传承久远的良好家风。一个家庭的好家风，是靠长期养成的好家教来支撑而形成的，而好家教的文字载体乃是沿袭千百年的好家训、好家规。例如，我们耳熟能详的北朝颜子推所著《颜氏家训》、北宋范仲淹所著《百字铭家训》、北宋司马光所著《家范》、南宋朱熹所著《朱子家训》、明代王阳明所著《示宽儿三字经》、清代朱柏庐所著《朱子治家格言》、清代李毓秀所著《弟子规》，还有清代曾国藩的《曾文公家训》和左宗棠的《左氏家训》等。

　　在上述诸多经典家训问世的同时，老祖宗们发挥了他们的聪明才智，创作了大量脍炙人口的家训对联。这些渗透着道德规范的家训对联，短小精悍、字词精美、易于诵咏、易于传承。这些言简意赅、教化作用很大的家训对联，是一笔笔传播、传承良好家教家风的文化遗产；是饱含致知、正心、修身、齐家、治国正能量的宝贵精神财富。品读这些足以传世久远的家训对联，对于当代中国人如何做人、如何处世，皆有潜移默化的启示、教化作用。

　　在编著《家风家训对联大全》一书的日子里，我们披阅了大量的历史资料，从中像淘宝一样获得了历代名人关于家风家训的对联精品。这都是老祖宗留给后代子孙的"传家宝""兴家策""教子经"，我们一定要好好学到手，好好传下去，使之发扬光大。这些家训对联是中华民族宝贵的精神财富、文化遗产，比金山银山都珍贵，是真正富有中国特色的无价之宝。

在编著《家风家训对联大全》的过程中，我们为先人们这一副副家训对联所吸引、所动情。我们有一个深切的感受，就是编著此书的过程，是净化心灵、陶冶精神的过程；是获得道德修养、家风洗礼的过程。书稿完成了，我们的精神境界似乎得到了一次升华。我们很享受这个过程，尽管我们不谙电脑打字，几十万字全是一笔一画在稿纸上写出来的。先人们的家训对联风采感染、感动了我们，让我们得到了古风古韵的精神享受！我们相信：读者认真阅读此书后，也一定会大受裨益、有所收获的。

编著《家风家训对联大全》之余，我们情不自禁地忆起了祖父梁梦笔，虽没有见过面，但读过他留下的家训家风对联。家父梁富春在世时，常给我们念叨像诗一样美的家训对联，使我们印象很深。家父念过几年私塾，毛笔字写得很漂亮。每年春节，家父把家训写成春联贴在门上。并教诲我们：有钱不是真富贵，要多读书，有了真知识、真本事，才会旺家旺子孙。母亲常叮嘱我们：不是咱自己的东西，再好再贵重也不稀罕。老实常在，做人要有一副好心肠。这些话我们都铭记在心，受用终身。

《家风家训对联大全》的出版，首先感谢中国农业出版社有关领导和责编，他们独具慧眼，看中了此书在当今社会乃至家庭教育的深远意义与文化价值。感谢中国楹联界名家挚友蒋有泉、叶子彤、谷向阳、赵云峰、郭华荣、方留聚、徐秉祥、裴国昌、杨振生、梁和平、李永民、赵建廷、莫晓东、樊中等的学术支持；感谢给予我们支持的社会贤达友人王维英、陈建林、王向军、赵青春、王爱云、冀彪、李葆芹、李保生等；感谢我们的家人不遗余力的支持。最后，感谢多年来喜欢"梁氏联书"的广大读者。你们，才是我们不断出版对联专著的动力。谢谢！

梁石、梁栋

2019 年 8 月 22 日于逸然斋